신개념한국명리학총서 ①

행복을 찾고 불행을 막는 점성술

(알기쉬운 점성술)

정용빈 편저

법문북스

책 머리에

이 책의 만상학은 중국에서 생겨서 3천여년 동안의 세월을 거치며 전해진 학문 중에 있는 육갑법이란 점술의 일부를 소개한 것이다.

인간을 동·서·남·북·천·지의 6개의 부류로 나누어 그 운명을 보는 것이나, 만상학을 오랜 시간 연구해 온 나는, 독자 여러분에게 두 가지를 부탁하겠다.

육갑법은 잘 맞고, 잘 맞는 탓에 믿는 사람도 많을 것이다. 그래서 육갑법에 나타나는 결과에 즐거워하거나 걱정하는 분도 많으리라 짐작한다.

이 책은 반드시 당신이 살아가는 데 안내는 될 것이다. 그러나 완벽한 것은 아니라는 것을 알고 읽어주기 바란다.

이 책이 아무리 만상학 초(初)의 책이라 하여도, 결국은 매수가 한정된 한 권의 책에 불과하다. 만상학이나 산명학(算命學) 등의 종횡가(=전략가, 後述)가 조종하는 점술이 전문의 의사라고 한다면 항간에 전해오는 기상학 등의 점은 의사가 내는 약 정도의 수준이라 해도 좋을 것이다. 더구나 책 같은 것은 아무리 정도가 높고 어려워도 약방의 약 정도이다. 가벼운 감기라면 증상(症狀)을 조금 억제하는 것으로 충분하지만, 열이 높거나 하면 전문의에게 진단을 받아야 한다.

이 책을 포함하여 점술책은 「좋아하는 사람의 성격은 어떨까?」라든지 「시모와 사이좋게 하자면」 또는 「사업상의 인맥(人脈)과 잘 지내자면」하는 가벼운 차원에 잘 맞도록 되어 있다. 단지 이 책은 자기를 찾아내는 약으로 잘 쓰면, 꽤 높은 수준의 약이 되리라 생각한다.

이 세상에는 고민이 없는 사람은 거의 없다. 모두 무엇인가의 고민을 안고 있다. 생활, 사랑, 사업, 건강…… 등. 그리고 고민이 있는 탓에 사람은 점(占)에 의뢰하여 고민에 대한 해답을 찾아 거기에서 벗어나려고 한다.

육갑법은 고민의 원인을 찾아 당신이 본디 있어야 할 모습을 암시해 준다.

자기 속의 모순을 깨닫고「자연」에서 사는 것만이 고민에서 벗어나 행복으로 이어지는「개운(開運)」의 사는 법이라는 것을 말하고 있다.

당신에게 행복하게 사는 방법이란 무엇일까? 그것을 이 책은 보여줄 것이다. 그리고 또 한 가지는 육갑법을 써서 자기 스스로가 청해서 타인을 점치지 말 것이다. 점이라는 것은, 어느 의미로는 운명의 치료와 같은 것이라서 무면허의 의사가 바른 치료를 할 수 없듯이 아마추어인 당신이 점친다는 것은 점치는 쪽으로나 점쳐지는 쪽으로나 서로 좋은 작용을 미치지 못한다.

최대의 위험은 감당 못하게 되는 일이다. 꼭 점쳐달라는 부탁을 받았다면 모르지만 자신이 먼저 점쳐주겠다고 해서 나중에 잘못되면 점친 사람을 원망하게 될 것이다. 그로인해 점친 사람의 운명에도 악영향을 준다.

이 책은 개운(開運)을 위한 지침서(指針書)로 하여 바르게 활용하기 바란다.

차 례

1장 만상학과 점성술

2장 숙명육갑(宿命六甲)으로 운명을 읽는다

동갑명(東甲命)

6

3장 상성(相性)육갑으로 개운의 동반자를 찾는다

4장 후천육갑(後天六甲)으로 운기(運氣)의 흐름을 잡는다

부록 천중살기를 잘 넘기는 방법

一章

만상학(萬象學)과 점성술(占星術)

「자연」으로 사는가 「모순」에 고민하는가

─────● 동양의 철리(哲理)가 가르치는
개운(開運)의 사는법 ●─────

동양의 자연관을 원류(源流)로 하는 만상학(萬象學)

현대 사회는 동란의 준비기간에 들어 있다. 그리고 현대인은 헤아릴 수 없는 불안과의 싸움에 지쳐 여러 가지 새로운 스트레스를 받아, 벌써 갈길을 잃은 듯 하다. 한마디로 세기말(世紀末)이라고 해버리면 그만일 것이지만 원자력·열대림벌채·사회주의 국가를 비롯한 국가 적소란·소년범죄의 격증·마약의 만연·정치의 부패·자연파괴 등 이런 불안의 현상들이 요즘의 점(占), 종교의 붐이라 하겠다.

자기의 능력으로는 어쩔 수 없는 고민을 타인에게 의논하게 되며 그 방면의 전문가인 종교가나 점사(占師)가 필요하게 된다.

그들은 타인을 대표하는 존재라할 수 있다. 그러나 그 종교나 점술이 새로운 고뇌의 근거가 되는 악순환이 생기고 있는 것도 또한 부정할 수 없는 사실이라 하겠다.

고민이라는 것은 왜 생길까? 자신에게는 자연이 아닌 탓이다. 고민은 바로 모순이다. 모순이 없으면 고민하지 않는다.「뭐야 당연한 일이 아닌가?」라고 생각할 사람도 많을 것이다. 그러나 참으로 유감스러운 일이지만, 이 정도의 당연한 일조차 이해하지 못하는 점술사도 놀라울 정도로 많은 것이다. 이러고서야 점술가가 불안을 가져오는 것도 당연할 것이다. 이 책을 읽게 된 여러분은 만상학이라는 것도, 육갑법이라는 점술도, 아마 처음 보게 된 것이라 생각된다. 여러분들이 짐작한대로 만상학은 중국원산(原産)의 철리(哲理)이다. 그러나 지금은 사상사(思想史) 중에서 조차 그 이름을 찾아보기는 어렵다. 일부의 사상가 중에 그 존재를 알고 있는 사람도 있었으나, 대체로 어떤 것인가를 알고 있는 사람은 전혀 없었다.

이는 만상학이 책으로 전혀 남겨지지 않았고 진(秦)시대 이후는 스승이 제자 중에서 뛰어난 한 사람의 제자에게만 구전(口傳)이라는 형식으로 전승한 탓이다. 그런 탓에 역대(歷代) 중국 왕조 중에서 가늘고 길게 표면에 나타남이 없이 근근히 맥을 이어온 것이라 하겠다. 이 만상학을 나는 문화 혁명으로 접하게 된 선대(先代)부터 배워 전승하게 된 것이다. 그런데 만상학이라는 학문은 지금부터 약 3200~3100년 정도 전에 중국에서 생긴 학문이다. 중국에는 주왕국(周王國)이 일어나고 동란 중에서도 만상학을 비롯하여 동양천리의 기본이 되는 사상이나 이론 등 예를 들면 음양설·오행설·간지(干支) 등이 있었다.

이런 것의 체계를 세운 분이 태공망(太公望)이라고 불리는 여상(呂尙)이었다. 이 원리를 토대로 병법을 써서 은왕(殷王)을 멸망시켜 주왕국을 세운 것이다. 이 병법이 현재의 만상학의 원류이다.

이 병법, 즉 당시의 고(古)만상학은 싸움에서만이 아니고 자연계에서 살아가는 우리들에게 요긴한 사상과 이론, 그리고 실천의 세 가지 요소를 가진 훌륭한 것이었다. 따라서 당시의 권세가는 이 철리를 응용하여 국민의 불안을 제거하고 국가를 부강시키는 정책으로 하였다.

그 후 고(古)만상학은 노자(老子)의 도교(道敎)와도 서로 교류하여 결국 만상학은 도불유(道佛儒) 삼교(三敎)의 정수를 받아들이게 된다.

전국시대에는 만상학 이론을 써서 백전 백승한 사람도 있었다. 현재의 만상학은 그 기초가 여기에서 쌓아진 셈이다.

진시황제의 사상 탄압 정책에 의해 세상 표면에 나오지 못하고 오랫동안 그늘 속에서 전해져 왔다. 당(唐)조에 이르러 겨우 햇빛을 보게 되었다.

만상학이라는 철리는 동양류의 자연학이라 해도 좋을 것이다.

자연이 없이는 인간은 살아갈 수 없다. 인간의 근원은 자연에 있
다. 그런 탓에 자연을 볼만한 역량((力量)이 없으면, 인간도 이해
할 수가 없다. 만상학이라는 학문은 그런 탓에 놀랄만큼 넓고 탄력
있는 사상을 근본으로 가지고 있다. 때로는 상식을 뛰어넘는 이론
에 가끔 부딪치게 된다.

　기초적인 아주 쉬운 이론조차 「봄(春)은 동(東), 동은 목(木), 목
은 불변(不變)이며, 유(柔) 즉 그의 생명의 것, 시시(始時)에 살고
지키기에 좋다」라는 격이다.

　여기에 봄(春)이라는 계절, 동(東)이란 방향, 목(木)이란 물체,
불변이나 유(柔)라는 성질, 그리고 향해야 할 환경까지 같은 곳에
표현되어 있다. 이래서는 그 까닭을 알 수 없다.

　그러나 이만큼 심원한 사상이 있는 만큼 만상학은 연구가 계속
되어 3천년에 걸쳐 유구한 역사를 쌓아 올린 것이다.

모순을 알고 자연에 사는 것이 만상학의 개운법

　이 세상에 시간이라는 에너지가 있는 한 대자연이라는 것은 변
화하는 것을 그 본질로 한다. 동쪽에서 뜬 해는 서쪽으로 진다. 그
사이에는 정지하는 일은 없다. 동양의 사상이라는 것은 석가·공
자·노자·장자 모두가 자연계를 보는 것이 근거인 것이다 자연계
에 존재하는 것은 생겨나 반드시 죽는다. 태양은 동에서 태어나서
서에서 죽는다는 해석이다. 불교에서 말하는 서방정토(西方淨土)
등도 이 사고 방식을 발전시킨 것이다.

　그런데 인간은 자연계라는 무상(無常)의 세계에 있으면서 반드
시 맞아야 할 죽음을 두려워하고 무(無)를 두려워하는 존재이다.
건강을 위한다고 약을 먹거나 한평생 쓸 수 없는 많은 재산을 모
은다. 고금 동서 변함없이 있는 인간의 독특한 욕망은, 어느 것이

나 무(無)를 두려워하는 까닭이다.

현재 항간에서 크게 유행하고 있는 점(占)은 대부분이 유감스럽게도 매우 안이(安易)한 것이다.

현대인은 매우 연약하다. 타인의 힘으로 안이한 생활을 할 수 있는 탓에 심각하게 자기 힘으로 생각하기를 잊어버리고 있다. 그런 탓에, 어떤 일이 일어나면 허둥지둥하기만 하고 해결할 방법을 모른다. 그런 까닭에 타인에게 의뢰하게 된다.

점(占)만해도 그렇다.「왜 그렇게 되는가?」라는 본질을 아주 경시(輕視)하는 경향으로 흘러버렸다. 겨우 2~3년 공부하고 전문가로 되어버린다. 원전(原典)의 기본적 이론이나 사상부분은 공부가 부족한 채로 맞추기 위한 기술이나 형식만을 익히고 나선다. 원전의 사상 철리(哲理)를 배우지 않았으니 당연히 잘못된 해석이 많아진다. 이래서는 반대로 큰 불안을 초래하는 것도 어쩔 수 없는 일일 것이다.

인생을 어지럽게 만들게 된다. 확실히 안이한 편이 잘 팔린다. 그러나 그런 무책임한 타인을 믿어서는 안 된다. 자신이 생각하지 않으면 안될 때가 되었다.

인간은 모순이 없으면 고민하지 않는다. 그런데 상식이라는 것이 매우 귀찮은 것이다. 이것에 사로잡혀 있으면 지나치게 고정관념으로 굳어버려서 솔직하게 자연대로의 사물을 보지 못하게 된다. 누구든지 고민으로부터 벗어나고 싶어한다. 그러나 어디에, 무엇이 모순인가를 몰라서는 어떻게 되겠는가?

고민에서 벗어나고 개운(開運)의 비결은 두려워하지 말고 자기를 바라보는 눈을 뜨는 것 뿐이다. 그러나 자기를 있는 그대로 인정한다는 것은 어려운 일일 것이다. 타인의 일은 정말로 잘 보이면서도….

그런 탓에, 이 책을 읽었다 하여도 자신이 처해있는 상황을 모르고, 다만 「이것은 맞는다. 이것은 맞지 않는다」하며 기뻐하거나 슬퍼한다면 아마 운세는 열리지 않을 것이다. 기본적인 것이 보이지 않으면, 요컨데 고민의 원인을 알지 못하면 아무리 생각하여도 어떤 행동을 하려해도 해답이 없을 뿐 아니라, 더욱 깊은 구렁에 빠지게 될 것이다.

고기는 물 속에서만 산다. 당연한 일이다. 당신에게 있어서 무엇이 당연한 일인가?

만상학은 말하자면 우리가 평소에 잊어버리고 있기 쉬운 당연한 상태를 생각하는 학문이다. 그 당연한 상태를 추구해 보면, 자연과 모순에 만나게 된다. 이 책에서는 만상학의 점술(占術)부분 중에서 중요한 한 부분이 육갑법이란 점술의 성질을 탐구해 간다. 이것은 음양설(陰陽設)이라는 매우 귀중한 이론의 응용이다. 자연을 양, 모순을 음이라하여 항상 나를 양이라는 상태에 있는 것으로 불운을 쫓아내는 것이다.

한 예로 나는 양친과 함께 살고 있는 형편이지만 내가 양친의 그늘 밑에 있는 것이 자연=양인가, 모순=음인가? 회사에 다니고 있는데 집단 속에서 살고 있는 것이 자연인가, 모순인가?

만약 자연이라면 양의 상태라서 문제는 없다. 그러나 모순이라면 모든 고민은 그것이 원인일지도 모른다. 고민 그 자체가 음인 것이다. 하나의 음을 양으로 바꾸는 것으로 모든 것이 양으로 되는 일도 충분히 있을 수 있는 일이다.

모순이 단순하다면 거기에서 벗어나는 일은 쉽다. 그러나 '상식이니까 어쩔 수 없다.'라든가, 자기의 욕구에 언제나 저버리거나 하여 모순이라는 것을 알고 있으면서 납득해버리는 일도 많을 것이다. 가령 회사라는 조직 중에 있는 것이 모순일지라도 월급이 많다는 따위의 이유로 그냥 계속 근무하는 경우 등이다.

그러면 이것은 후일에 반드시 고민을 낳게 된다. 일이 뜻대로 되지 않거나, 스트레스로 건강을 해치거나……

모순은 결코 자연을 불러들이지 않는다. 편하게 되기 위해 거짓을 숨기기 위해 거짓을 또 도장(塗裝)하고 그런 형태로 발전해 간다. 당신은 한 걸음 내디디면 물가로 갈 수 있는데 움직이는 것이 두려워 메마른 곳에서 빈사의 상태에 있는 고기로 되어 있는 것은 아닐까? 만일 그런 형편이라면 꼭 이 책을 참고해 주길 바란다. 자연히 편하게 숨쉴 수 있는 상태를 스스로 찾아내기를 바란다.

육갑법과 천중살(天中殺)-전란(戰亂)에 군림(君臨)한 천살(天殺)의 법

만상학 중에서 가장 중요한 이론의 하나인 육갑법은 그 성립부터 약 2천년 이론의 발생에서 성장의 기간을 포함하면 3천년 이상이 되는 것이다. 처음은 단순한 분류법의 하나였으나, 이론이 충실해짐에 따라서 그 이름도 변해 갔다. 육순신법(六旬神法)·육순갑자(六巡甲子)·육순육갑(六巡六甲)등 사실 육갑법이란 이름도 꽤 오래된 것이다.

육갑법의 이론은 공간(空間)을 나타내는 부호인 십간(十干)과 시간을 나타내고 있는 12지를 결합시킨 간지(干支)에 의한 숙명의 분류법이다. 간지는 음양설이라는 어느 일정한 법칙에서 60가지로 만들어지게 된다. 이것을 전문용어로 육십화갑자(六十花甲子)라 하지만, 그것을 간(干)이 일순(一巡)하는 10개씩 구분하여 6가지로 분류하는 것이다. 그리고 동·서·남·북·천·지라는 6방향의 기(氣)를 받는 것으로 동갑·서갑·남갑·북갑·천갑·지갑이라 부르는 것이다. 갑은 인간을 나타내고 있다고 생각해도 좋을 것이다. 사실 현재의 정식 호칭은 동갑인순(東甲寅巡)·서갑신순(西甲申巡)·남갑오순(南甲午巡)·북갑자순(北甲子巡)·천갑진순(天甲辰

巡)·지갑술순(地甲戌巡)이라 한다. 그러나 어려울 듯하여 각각 동갑명·서갑명·남갑명·북갑명·천갑명·지갑명이라 한다.

그런데 운명을 볼 경우, 불가결의 요소 4가지가 있는데 우선 숙명을 보기로 한다.

이것은 선천(先天)이라고도 하여 어떤 질(質)을 타고 났는가 하는 것이다. 다음은 환경, 그 질은 어떤 환경(사회)에서 발휘되는가. 구름·비·강·바다와 물의 모습이 변화하는 것처럼 같은 기력(氣力)이라도 환경이 바뀌면 결과적으로 전혀 다른 운명이 되는 것이다. 여기에는 상성(相性)도 중요한 부분으로 들어온다. 그리고 때(時)이다. 숙명의 질을 신장시키는 환경이라도 만나는 시기를 잘못택하면 아무것도 이룰 수 없다. 그리고 이 세 가지를 잘 쓰는 지혜를 술(術)이라 한다. 술을 별도로하여 다른 세 가지가 들어 있지 않는 점은 우선 쓰여질 수 없음을 알아야 한다.

육갑법에서는 각각의 숙명, 선천운(先天運)을 숙명육갑이라는 용어로 나타낸다. 또 각 숙명육갑 서로간의 상성을 볼 경우에는 상성육갑을 그 운명 현상이 언제 나타나는가를 볼 때는 후천육갑이라 하고 있으니 꼭 기억해 두기 바란다. 술에 해당하는 것은 이 책이고, 그리고 독자 자신이다. 생년·월·일이 있는 한 동갑명·서갑명·남갑명·북갑명·천갑명·지갑명이라는 숙명육갑의 어느 것인가에 반드시 들어 있다.

곁들여서 이 육(六)을 순(巡)이라는 사고법은 당시의 불교에 꽤 영향을 준 것으로 지옥도(地獄道)·아귀도(餓鬼道)·축생도(畜生道)·수라도(修羅道)·인도(人道)·천도(天道)라는 소위 육도(六道)사상과 융합하여 뒤에 열반(涅槃)이라는 사상을 도출(導出)한다.(199P 참조) 사실 열반에 이르는 열쇠는 육갑법을 원류로하는 천중살 중에서 구하고 있는 것이다.

간지(干支)라는 것은 공간·천(天), 내재(內在)하는 기력(에너지)

을 뜻하는 10의 간(干)과 시간·지, 간의 기(氣)를 눈에 보이는 현상으로 하는 에너지를 갖는 12의 지(支)가 음양설이라는 근본법칙에 따라 60가지로 성립되어 있다. 결국 10간·12지에도 음양이 있고, 음은 음과, 양은 양과 결합되는 것을 자연으로 하고 있는 탓이다.

이 60을 10씩 나누어 육순(六巡)인 탓에 어찌해도 12지에서 보면 1순(巡)에 2개씩 10간(干)이 부족하게 된다. 남은 12지(시간)에 10간(공간)이 없는 상태를 만들어 내고 있는 것이 된다. 시간은 있어도 공간이 없다. 이런 현상에 대해 마땅히 열심히 연구가 시작된 것이다.

드디어 「이 모순은 그대로 천지의 모순이다」라는 생각으로 낙착된다. 당시 사람에게는 천지라면 이것은 세상 전체를 나타내는 것으로 되어 있어서 선인(先人)들의 두려움도 상당한 것이었다. 그리고 이 기간의 것을 천(天) 공간이 없다는 뜻으로 천살(天殺)이라 부르게 되었다.

이래서 육갑법의 철리 중에서 천살이론이 차지하는 정도가 커지게 되었다.

최초 동안은 동갑인순(東甲寅巡)의 천살은 자(子)·축(丑), 천갑진순(天甲辰巡)의 천살은 인(寅)·묘(卯)라 하고 있었으나 얼마안 가서 인순자축(寅巡子丑), 진순인묘(辰巡寅卯)처럼 천살의 시기에 중점을 두는 호칭으로 되었다.

숙명육갑 그 자체의 성질보다 숙명육갑 각각이 갖는 천살쪽에 중점을 두게 된 셈이다. 왜 그랬을까? 사실 이 천지의 모순을 설명한 천살이론이 성립되어 어느 정도 발전하기 위한 토양으로 된 시대가 문제였었다.

이 이론은 당시의 전란의 시대에 다대한 영향을 미쳤다. 상대의 운명의 모순 기간에, 요컨데 천살에 공격하면 이기기 쉽다고 생각한 탓이다. 사실 천살을 이용하여 연전 연승한 점술가도 몇 사람이나 나타났었다.

그렇게 되니 천살을 방어하는 방법도 연구하게 되었다. 육갑법의 내용을 충실하게 하기보다 목전의 천살이라는 강력한 자극을 갖는 힘을 익숙하게 다루는 편이 중요과제였던 것이다.

자연계를 풍성하게 하려는 생각보다도 목전의 거대한 부(富)를 낳는 더 자극적인 쪽으로 어쩔 수 없이 향하게 되는 현대인의 모습과 어울리는 것 같기도 하다. 그리고 점술가들은 천살이 한 종류가 아닌 것을 발견하였다. 적이 천살을 이용하여 공격해 오더라도 그 천살에 대항하는 다른 천살을 이용하여 반격할 수 있을 것이라 생각하였다.

이 천살은 그때에 6종류 정도 발견되었다. 천동살(天東殺)·천서살(天西殺)·천남살(天南殺)·천북살(天北殺)·천황살(天黃殺)·천중살(天中殺)이다. 그리고 모든 천살을 묶어서 천충살(天沖殺)이라 부르게 되었다.

명리학(命理學)이나 사주추명(四柱推命)에서 공망(空亡)이라는 말도 천중살을 이르는 말이다. 이 천살의 이론은 뒤에 만상학과 분파(分派)한 삼명학(三命學＝算命學) 중에 『음전론(陰轉論)·천충살법(天沖殺法)』으로 완전한 형태가 남아 있는 것 같다.

육갑법은 6개의 숙명(宿命)의 타입으로 나누어지고 있다

육갑법에서는 60의 간지(干支)를 6방향으로 분류하는 것에서 이론을 전개한다. 전술한 동갑명에서 지갑명까지이다. 이 6방향이라는 것은 결코 아무렇게 붙인 것은 아니다. 각 방향에는 당연히 중요한 뜻이 감추어져 있다.

만상학에 한하지 않고 거의가 동양 철리의 기본으로 되어 있는

음양설이나 오행설이라는 것은 본디 태양의 운행을 기본으로 하여
발전해 온 것이다. 동서남북 하나를 보아도 태양이 떠오르는 방향
은 동, 지는 쪽은 서, 태양이 가장 높이 떠오르는 방향은 남, 그 정
반대가 북이라는 경위(經緯), 요컨데 2개의 음양으로 성립되어 있
다.

이것을 한 걸음 더 나아가보면 동서·남북이 각각 교차하는 중
심에 성상이 있다고 생각된다. 오행설의 처지이다. 그러나 더 나아
가면 중심인 세상에는 천·지가 존재한다는 사상에 도달하게 된
다. 이것으로 6방향으로 된다.

이런 사상이 육갑법 중에서 응용되면 다음과 같이 된다.

'동갑명'은 동의 기(氣), 일출의 방향, 하루의 시작이다. 시작하는
숙명, 초대(初代)의 운기(運氣)를 강하게 가진다. 동인(東人)이 선
두에 서면 그 집단은 아주 변해버린다.

'서갑명'은 그 반대로 말대(末代), 마무리의 숙명이라서 이 사람
이 나서면 문제의 해결은 빨라진다. 서쪽 방향은 사물이 마무리되
고 집결(集結)하는 장소라고 기억해두면 좋을 것이다.

'남갑명'은 남은 태양의 기운이 최강으로 되는 장소이다. 태양 아
래 명랑하게 노는 아이들의 모습을 나타낸다. 운세의 상승도 분명
해진다. 그것은 양지와 음지의 명암이 똑똑하게 갈라지는 탓이다.

'북갑명'은 북의 특징인 밤의 기질, 어두운 탓에 사물을 찾는데
시간이 소요된다. 시간을 써서 치밀하게 행동하는 사람, 때로는 달
과 별처럼 사람의 시선을 끄는 사람도 나올 숙명이다. 어른의 슬기
를 나타낸다.

'천갑명'은 현실적으로 강한 행동력을 갖는다. 너무 심각한 편은
아니고 고쳐 일어서기는 빠른 편. 이유는 없지만 주위에서 일으켜
세워준다. 천에 위치한 덕택이다.

'지갑명'은 어느 편인가 하면, 자존(自尊)의 숙명. 중앙의 기세를

받아 현실적인 평형감각(平衡感覺)이 뛰어나다. 중심인물로 되고 싶은 사람, 그 기운이 강하게 나오면 큰 봉사정신으로 된다.

만상학에 한하지 않고 동양의 철리는 말하자면 자연학이다. 요컨데 자연속에 살아가는 인간, 자연계의 법칙에서 결코 벗어날 수 없는 인간을 생각하는 것이 동양 점술의 출발점이다. 그런 탓에 맞추기 위한 사소한 기술에만 매이지 말고 도리어 자연계의 단순하고 커다란 동향에 주의해야 할 것은 말할 필요가 없을 것이다.

인간은 지구의 한 부분이다. 아무리 뛰어난 점술을 가지고 있어도, 아무리 훌륭한 사상철리를 배웠어도, 근본인 대 자연의 동향을 알고 뜻을 이해하는 감성을 키우지 않는다면 본말이 전도되어 아무것도 되지 않는다.

기술은 언제라도 배울 수 있는 것이다. 점술을 배우려면 우선 지구의 성립과 인간과 다른 생물과의 관계 등 자연과학을 먼저 공부해야 할 것이다. 이 길이 가장 빠르고 바른 길이다.

숙명육갑(宿命六甲)을 산출(算出)한다

사람은 누구나 생년·월·일을 가지고 있어서 동갑명·서갑명·남갑명·북갑명·천갑명·지갑명의 어느 것인가의 숙명육갑에 속하므로 생년·월·일을 알면 자기의 숙명육갑은 바로 산출할 수 있다.

숙명육갑의 산출법

① 당신의 지정수(指定數)를 낸다. 26P의 표1. 당신의 지정수를 보기 바란다. 태어난 해와 태어난 달이 교차되는 숫자가 당신의 지정수이다.

② 화수(華數)를 낸다. 당신의 지정수에 생일의 숫자를 보탠다.

이것이 화수이다.

예를 들면 1972년 12월 10일 생인 사람의 경우 [표1]의 1972년과 12월의 가로와 새로난이 교차되는 숫자 2가 지정수이고, 지정수에 생일 10을 더하면 12가 화수이다. 화수는 지정수에 생일을 더한 숫자이다. 그런데 가령 합계가 60이상이 되는 경우는 합계에서 60을 뺀 수가 화수로 된다. 화수는 생일간지를 숫자로 환산한 것이라서 간지는 60지지 밖에 없는 탓에 그 이상이 되면 60을 빼는 것이다.

※ 점칠 때에 가장 중요한 것은 숙명이다. 이 숙명을 구성하는 것이 간지(干支)인데, 육갑법에서는 생일간지를 토대로 숙명을 관정(觀定)한다.

이 생일간지를 구하려면 월력이 필요 불가결이지만 종래의 월력은 너무 복잡하여 여간해서 보통사람은 취급할 수 없었다. 그러나 최근에는 산명학(算命學)이나 육성점술(六星占術) 등의 연구가의 노력으로 간지를 숫자로 바꾸어 계산만으로 간단히 생일간지를 구할 수 있게 되었다. 그것이 여기서 말하는 화수(華數)이다.

③ 화수에서 숙명육갑을 산출한다.

[표2]에서 화수에 해당하는 별(星)을 찾는다. 당신의 숙명육갑이다.

예를 들어보면

예1 **1974년 3월 26일생**

① [표1]에서 1974년과 3월이 교차되는 숫자가 37이므로 지정수는 37이다.

② 37에 생일인 26을 더하면 63인데, 합계가 60을 초과하는 탓에 60을 빼면 3이 남는다. 그래서 화수는 3이다.

③ [표2]에서 화수 3은 북갑명이라는 것을 알게 된다.

예2 **1948년 1월 18일생**

① [표1]에서 1948년과 1월이 교차하는 수는 21이므로 지정수는 21이다.

② 지정수 21에 생일 18을 더하면 39가 나오므로 화수는 39이다.

③ [표2]에서 화수 39는 남갑명이라는 것을 알게 된다.

표1-당신의 지정수(指定數)

생년(生年) \ 생월(生月)	1	2	3	4	5	6	7	8	9	10	11	12
1900 (庚子)	10	41	9	40	10	41	11	42	13	43	14	44
1901 (辛丑)	15	46	14	45	15	46	16	47	18	48	19	49
1902 (壬寅)	20	51	19	50	20	51	21	52	23	53	24	54
1903 (癸卯)	25	56	24	55	25	56	26	57	28	58	29	59
1904 (甲辰)	30	1	30	1	31	2	32	3	34	4	35	5
1905 (乙巳)	36	7	35	6	36	7	37	8	39	9	40	10
1906 (丙午)	41	12	40	11	41	12	42	13	44	14	45	15
1907 (丁未)	46	17	45	16	46	17	47	18	49	19	50	20
1908 (戊申)	51	22	51	22	52	23	53	24	55	25	56	26
1909 (己酉)	57	28	56	27	57	28	58	29	60	30	1	31
1910 (庚戌)	2	33	1	32	2	33	3	34	5	35	6	36
1911 (辛亥)	7	38	6	37	7	38	8	39	10	40	11	41
1912 (壬子)	12	43	12	43	13	44	14	45	16	46	17	47
1913 (癸丑)	18	49	17	48	18	49	19	50	21	51	22	52
1914 (甲寅)	23	54	22	53	23	54	24	55	26	56	27	57
1915 (乙卯)	28	59	27	58	28	59	29	60	31	1	32	2
1916 (丙辰)	33	4	33	4	34	5	35	6	37	7	38	8
1917 (丁巳)	39	10	38	9	39	10	40	11	42	12	43	13
1918 (戊午)	44	15	43	14	44	15	45	16	47	17	48	18
1919 (己未)	49	20	48	19	49	20	50	21	52	22	53	23
1920 (庚申)	54	25	54	25	55	26	56	27	58	28	59	29
1921 (辛酉)	60	31	59	30	60	31	1	32	3	33	4	34
1922 (壬戌)	5	36	4	35	5	36	6	37	8	38	9	39
1923 (癸亥)	10	41	9	40	10	41	11	42	13	43	14	44
1924 (甲子)	15	46	15	46	16	47	17	48	19	49	20	50
1925 (乙丑)	21	52	20	51	21	52	22	53	24	54	25	55
1926 (丙寅)	26	57	25	56	26	57	27	58	29	59	30	60
1927 (丁卯)	31	2	30	1	31	2	32	3	34	4	35	5
1928 (戊辰)	36	7	36	7	37	8	38	9	40	10	41	11

생월(生月)\생년(生年)	1	2	3	4	5	6	7	8	9	10	11	12
1929 (己巳)	42	13	41	12	42	13	43	14	45	15	46	16
1930 (庚午)	47	18	46	17	47	18	48	19	50	20	51	21
1931 (辛未)	52	23	51	22	52	23	53	24	55	25	56	26
1932 (壬申)	57	28	57	28	58	29	59	30	1	31	2	32
1933 (癸酉)	3	34	2	33	3	34	4	35	6	36	7	37
1934 (甲戌)	8	39	7	38	8	39	9	40	11	41	12	42
1935 (乙亥)	13	44	12	43	13	44	14	45	16	46	17	47
1936 (丙子)	18	49	18	49	19	50	20	51	22	52	23	53
1937 (丁丑)	24	55	23	54	24	55	25	56	27	57	28	58
1938 (戊寅)	29	60	28	59	29	60	30	1	32	2	33	3
1939 (己卯)	34	5	33	4	34	5	35	6	37	7	38	8
1940 (庚辰)	39	10	39	10	40	11	41	12	43	13	44	14
1941 (辛巳)	45	16	44	15	45	16	46	17	48	18	49	19
1942 (壬午)	50	21	49	20	50	21	51	22	53	23	54	24
1943 (癸未)	55	26	54	25	55	26	56	27	58	28	59	29
1944 (甲申)	60	31	60	31	1	32	2	33	4	34	5	35
1945 (乙酉)	6	37	5	36	6	37	7	38	9	39	10	40
1946 (丙戌)	11	42	10	41	11	42	12	43	14	44	15	45
1947 (丁亥)	16	47	15	46	16	47	17	48	19	49	20	50
1948 (戊子)	21	52	21	52	22	53	23	54	25	55	26	56
1949 (己丑)	27	58	26	57	27	58	28	59	30	60	31	1
1950 (庚寅)	32	3	31	2	32	3	33	4	35	5	36	6
1951 (辛卯)	37	8	36	7	37	8	38	9	40	10	41	11
1952 (壬辰)	42	13	42	13	43	14	44	15	46	16	47	17
1953 (癸巳)	48	19	47	18	48	19	49	20	51	21	52	22
1954 (甲午)	53	24	52	23	53	24	54	25	56	26	57	27
1955 (乙未)	58	29	57	28	58	29	59	30	1	31	2	32
1956 (丙申)	3	34	3	34	4	35	5	36	7	37	8	38
1957 (丁酉)	9	40	8	39	9	40	10	41	12	42	13	43

생년(生年) \ 생월(生月)	1	2	3	4	5	6	7	8	9	10	11	12
1958 (戊戌)	14	45	13	44	14	45	15	46	17	47	18	48
1959 (己亥)	19	50	18	49	19	50	20	51	22	52	23	53
1960 (庚子)	24	55	24	55	25	56	26	57	28	58	29	59
1961 (辛丑)	30	1	29	60	30	1	31	2	33	3	34	4
1962 (壬寅)	35	6	34	5	35	6	36	7	38	8	39	9
1963 (癸卯)	40	11	39	10	40	11	41	12	43	13	44	14
1964 (甲辰)	45	16	45	16	46	17	47	18	49	19	50	20
1965 (乙巳)	51	22	50	21	51	22	52	23	54	24	55	25
1966 (丙午)	56	27	55	26	56	27	57	28	59	29	60	30
1967 (丁未)	1	32	60	31	1	32	2	33	4	34	5	35
1968 (戊申)	6	37	6	37	7	38	8	39	10	40	11 ·	41
1969 (己酉)	12	43	11	42	12	43	13	44	15	45	16	46
1970 (庚戌)	17	48	16	47	17	48	18	49	20	50	21	51
1971 (辛亥)	22	53	21	52	22	53	23	54	25	55	26	56
1972 (壬子)	27	58	27	58	28	59	29	60	31	1	32	2
1973 (癸丑)	33	4	32	3	33	4	34	5	36	6	37	7
1974 (甲寅)	38	9	37	8	38	9	39	10	41	11	42	12
1975 (乙卯)	43	14	42	13	43	14	44	15	46	16	47	17
1976 (丙辰)	48	19	48	19	49	20	50	21	52	22	53	23
1977 (丁巳)	54	25	53	24	54	25	55	26	57	27	58	28
1978 (戊午)	59	30	58	29	59	30	60	31	2	32	3	33
1979 (己未)	4	35	3	34	4	35	5	36	7	37	8	38
1980 (庚申)	9	40	9	40	10	41	11	42	13	43	14	44
1981 (辛酉)	15	46	14	45	15	46	16	47	18	48	19	49
1982 (壬戌)	20	51	19	50	20	51	21	52	23	53	24	54
1983 (癸亥)	25	56	24	55	25	56	26	57	28	58	29	59
1984 (甲子)	30	1	30	1	31	2	32	3	34	4	35	5
1985 (乙丑)	36	7	35	6	36	7	37	8	39	9	40	10
1986 (丙寅)	41	12	40	11	41	12	42	13	44	14	45	15

생년(生年) \ 생월(生月)	1	2	3	4	5	6	7	8	9	10	11	12
1987 (丁卯)	46	17	45	16	46	17	47	18	49	19	50	20
1988 (戊辰)	51	22	51	22	52	23	53	24	55	25	56	26
1989 (己巳)	57	28	56	27	57	28	58	29	60	30	1	31
1990 (庚午)	2	33	1	32	2	33	3	34	5	35	6	36
1991 (辛未)	7	38	6	37	7	38	8	39	10	40	11	41
1992 (壬申)	12	43	12	43	13	44	14	45	16	46	17	47
1993 (癸酉)	18	49	17	48	18	49	19	50	21	51	22	52
1994 (甲戌)	23	54	22	53	23	54	24	55	26	56	27	57
1995 (乙亥)	28	59	27	58	28	59	29	60	31	1	32	2
1996 (丙子)	33	4	33	4	34	5	35	6	37	7	38	8
1997 (丁丑)	39	10	38	9	39	10	40	11	42	12	43	13
1998 (戊寅)	44	15	43	14	44	15	45	16	47	17	48	18
1999 (己卯)	49	20	48	19	49	20	50	21	52	22	53	23
2000 (庚辰)	54	25	54	25	55	26	56	27	58	28	59	29

표2-당신의 숙명육갑(宿命六甲)

당신의 회수(華數)	당신의 별(星)
1 ~ 10	北 甲 命
11 ~ 20	地 甲 命
21 ~ 30	西 甲 命
31 ~ 40	南 甲 命
41 ~ 50	天 甲 命
51 ~ 60	東 甲 命

숙명육갑(宿命六甲)으로 운명을 읽는다

당신은 어떤 운명을 가졌는가

東	甲	命

창시자로서의 숙명을 갖는다.
착실한 지식인

성 격

동갑명은 동쪽에 자리한 동의 기질을 가진 숙명이다. 태양이 떠오르는 방위다.

만상학에서는 동쪽 위상에 대해 「때는 봄이며 아침을 시작하는 때로 한다. 초목이 싹트는 때이다」라고 정의(定義)하고 있다. 창시자로서의 기력이 넘치고, 동갑명의 초대의 특징은 시작하는 힘이다. 자기부터 시작하지 않으면 안 된다. 시작하는 것이야말로 자연이라는 것이다. 동갑명을 초대운(初代運)이라고 하는 것도 이것 때문이다. 약동적이고 행동적이지만 강력한 것은 아니다. 화려하지 않다. 거짓말을 못하고 의외로 순진하거나 단순하게 보이기도 하지만, 본바탕은 노력가이고 별로 표면에는 나타내지 않으나 사실은 뛰어난 지식이나 사상의 소유자이다. 무엇이나 첫 인상으로 결정하지 않고 자신의 자세를 쉽게 바꾸지 않으므로 때로는 완고하기까지 하다. 또 사람을 꿰뚫어보는 안력도 있다.

동갑명이란 본질적으로는 진실하고 인정미가 풍부한 사람이 많은 숙명이다.

어려운 사람이 부탁하면 여간해서 거절을 못한다. 냉정하게 보이지만 의기에 감동하면 손해인 것을 알면서도 승락하는 타입으로 의외로 호인이다.

넓고 얕은 형과 깊고 좁은 형의 두 가지 타입이 있다

동갑명인은 대체로 두뇌가 좋은 사람이지만, 그 성질은 무엇이나 폭 넓게 용납하는 넓고 얕은 형과 내용을 중시하는 깊고 좁은 형의 두 가지로 크게 나누어진다. 넓고 얕은 형은 소위 지식인이라 할 수 있다. 일상(日常)의 흔한 회화나 TV·잡지 등에서 자기에게 필요한 정보만을 뽑아내어 빨리 기억해버린다. 그런 탓에 지식의 범위는 넓다. 일상의 뉴스가 될만한 화제는 말할 것 없고, 정치·증권·소설이나 영화의 비평·요리법 등 상식이 풍부하다. 단지 좀 깊이 파고들면 설명을 할 수 없게 된다. 왜냐하면 그런 지식들이 전해들은 이야기나 어렴풋이 알고 있는 것들 뿐이기 때문이다.

같은 사람이 어떤 장소에서는 지식인으로 다른 장소에서는 아는 체하는 사람으로 통하기도 한다.

이에 비해 깊고 좁은 형의 동갑명은 착실형이다. 좁은 범위에 정신을 집중하는 탓에 그 범위에서는 깊은 전문지식과 그것을 다루는 슬기를 갖는다.

사물의 본질을 파악하고 있어서 확고한 신념의 소지자로 다른 사람이 못하는 일도 해낸다. 그 대신 상식적인 것이나 유행에는 전연 무관심하여 다소 편협한 성격으로 되기 쉽다. 문학가·배우·운동선수·연출가·학자 등이 여기에 해당한다.

동갑명에는 스승이 필요없다

동갑명은 응용력을 가지고 있다.

예를 들면 피아노에는 손도 데어보지 못한 사람이라도 본보기가 될만한 훌륭한 사람의 연주를 듣는 것만으로 요령을 저절로 깨닫게 된다. 착안점이 적확(的確)하다. 시행 착오를·반복하면서 아무에게도 의지하지 않고 터득하게 된다. 몇 개월만 지나면 정식으로 배우지 않고서도 어느 정도는 피아노를 치게 되는 것이다.「서당개 3년이면 풍월을 읊는다」는 격이랄까. 동갑명은 선생이라 하더라도 다른 사람에게서 기본부터 세세하게 가르침을 받으려하지 않는다. 도리어 반발하여 익숙해지지 못한다. 스승이나 지도자가 필요하지 않다고 하겠다. 골프같은 것을 시작할 경우에도 자기 주위에 능숙한 사람이 많으면 요행이다. 기초부터 착실히 시작하기보다 서툴다고 핀잔을 받으면서도 어울려서 경기를 하는 편이 훨씬 빠르게 익숙해진다. 물론 필요하다고 생각한 사람은 후에 기본을 착실히 배운다. 이것은 일에도 해당된다. 이와 같은 동갑명의 습득(習得)은 이상하게 기초가 뒤로 돌려지기가 쉽다. 이 응용력은 다면변화시점(多面變化視點)이라할까. 동갑명의 독특한 것이다. 하나의 형태로 빛을 쪼이는 각도, 보는 각도에 따라 그 음영(陰影)이나 보이는 모습이 아주 달라지는 것을 본능적으로 알고 있는 것이다.

동갑명이 위치하고 있는 동쪽이란 방향은 일출(日出)의 방향이기도 하다. 이것도 시시각각으로 변화하는 아침 빛의 성질에서 오는 것이다. 만상학 중에서도「태양을 음양(陰陽)의 태극(太極)으로 한다」는 이론이 있다. 태양이 없으면 지구의 자연은 있을 수 없다.「동」이라는 것은 즉, 일출에 의해서 태극이 지(地=陰)에서 천(天=陽)으로 변하는 장소이다.

만상학에서는「태극을 아는 것은 바로 창시자가 된다」라는 옛부터 전해오는 말이 있으나, 동갑명의 사람은 바로 이런 성질을 얻어서 태어난 것이다.

자신의 발로 걷지 않으면 성공은 없다

숙명육갑 중에서 이 동갑명 만큼 운세의 승강(昇降)이 후천환경(後天環境)에 좌우되는 숙명도 없을 것이다. 같은 생년·월·일이면서 나이를 거듭하는데 따라, 하늘과 땅 정도의 차이가 나는 일도 드물지 않다. 운수가 나쁜 사람은「이만큼 열심히 노력했는데도」라고 이상하게 생각하지만 쉽게 좋아지지 않는다.

인간은 자연의 일부. 어떤 뜻으로는 복제(複製)이다.「동」의 기(氣)를 숙명으로 갖추고 있는 당신은, 스스로가 태극(太極)으로 되어「일출」의 상태를 재현하도록 되어 있는 것이다. 결국 인생의 긴 도정에서의 어딘가에 양친이나 가계(家系), 손위의 보호(지평선)를 떠나서 초대(初代)로서의 혼자 힘으로 창공으로 떠오르지 않으면 안 된다. 그런 탓에 동갑명의 최대의 특징은 시작이며, 시작하는 힘이다. 결국 창시자인 것이다. 그러므로 만일 이것이 지평선에서 독립할 수 없으면 당연히 모순이다. 동갑명의 사람이 양친이나 손위의 사람에게서 원조를 받고 타인에게 의뢰하고 있는 동안에는 성공이 없다는 것을 알아야 한다.

부모와의 인연이 엷은 숙명

동갑명은 대체로 젊을 때에 어떤 종류의 고독을 느끼면 그것은 가족과의 사이에 일어나는 일이 원인이 되는 경우가 많다. 동갑명은 부모 특히 부친과의 인연이 엷은 숙명이다. 성인이 되기까지 생사에 관계 없이 부친과 헤어져 사는 사람도 많을 것이다. 젊을 때 부모 밑에 있으면 어떤 반발심과 고독감을 갖게 된다.

「아무래도 부모님의 말씀이 납득이 안 된다. 부모와 함께 있으면 숨이 막힐 듯하다」라는 고민을 거의 모든 사람이 경험하게 될 것이다.

동갑명의 사람이 진정으로 성공하게 되는 것이 부모나 손윗사람이 없는 만년(晩年)인 것이 수긍이 간다. 역으로 생각하면 빨리 독립하여 태양이 땅위에 빛을 비추듯이 부모나 가문을 일으켜 가는 것이 성공의 첩경일 것이다.

동갑명이 선두에 서면 사물이 새로 생기고 변한다

일출의 기(氣)를 가진 동갑명이 집단의 선두에 섰을 경우, 그 집단 자체가 기를 받아 확 변화한다. 그런 탓에 가령 회사가 기울어져 견디기 어려워졌을 때 동갑명의 사람이 사장이 되면 초대(初代)의 기는 서서히 회사를 회생시킨다.

만일 동갑명의 사람이 나라의 원수(元首)가 되었을 경우, 나라의 성격이 변하게 된다. 동갑명의 고르바초프 씨가 소비에트의 초대 대통령이 된 것으로 이 나라는 근본적으로 변했다. 또 미국의 부시 대통령, 그리고 일본에는 가이부(海部) 수상과 웬일인지 대국이 이어서 동갑명의 원수를 세우고 있다. 세계적으로 다시 개혁의 시기가 온 것인지도 모른다.

과거 보다도 미래에 중점을 두는 동갑명. 이상의 실현에는 곤란도 있고, 시간이 걸리는 일도 많으나 결코 꿈을 버리지 않는다. 믿는 것도 잊지 않는다. 언제나 희망을 가지고 실현의 장면을 머리 속에 그리고 있는 것이다. 단지, 미래를 지나치게 의식하는 탓에 현재, 요컨데 발 밑을 소홀히 하기 쉽다. 미래는 현재와 과거가 있고서야 비로서 있는 것이다. 이것은 각도를 달리하면 나는 부모와 선조가 있고서야 비로서 여기 있는 것이라고 할 것이다. 평소 부모를 생각하고 선조를 섬기고서야 미래를 확고할 수 있다는 것을 분명히 기억하고 나아가야 할 것이다.

사업운

동갑명이라는 것은 어느시기까지는 처세술이 뛰어난 인생을 보내게 된다. 영향을 받기 쉽고, 타인의 장점을 잘 수용하며 남과의 관계도 원만하게 잘 꾸려나간다. 그러나 어느 땐가 갑자기 「서툴지만 내 발로 뛰지 않으면 안 된다」라는 일종의 충동을 느낄 때가 온다. 만일 당신이 현재의 상태에 불만이 있다면 이때야말로 기회를 놓쳐서는 안 된다. 이런 충동을 느낀다면 「이제야말로 독립할 때다」라고 생각하기 바란다. 사소한 반대가 있더라도 자신과 용기를 가지고 모험으로 나가야 할 것이다.

이 독립이라는 것은 지금까지의 환경이나 집단에서의 이탈이라는 형식이 많게 된다. 부모·가문으로부터의 자립, 사업상의 독립이나 전직, 조국과 고향의 이별, 친한 사람과의 이별, 때로는 이혼, 반대로 독신과의 이별 등 동갑명은 이 벽을 뛰어넘어야만 비로서 참다운 성공과 자신을 갖게 되고 완전한 자립을 얻게 된다. 역으로 언제까지 부모 밑에 있으면 이기주의로 냉정하고 방종하며 아주 약한 운명으로 되어 버린다. 인정받기가 어렵다.

창시자의 숙명을 살려서 신규 사업이나 계획에 참가를

초대운의 동갑명인 탓에 다른 사람의 뒤를 계승하지 않고 스스로 일으킨다면 무엇이나 성공한다. 그러나 역시 자기 단독 사업인 작가·운동선수·배우·의사·변호사·정치가 등이 진로가 될 것이다.

또 스스로 톱이 되어 회사나 집단을 일으키는 것도 대 환영이고, 제자를 많이 길러내는 교사 등도 좋을 것이다.

조직 안에서는 사무직보다 발안자(發案者). 출발점이 되도록 힘쓸 것이다.

넓은 안목으로 시간과 장소를 파악해야 할 것이다. 그러나 함부로 손을 뻗치는 것은 삼가할 것이며 확실성이 있는 것에 착수하는

것이 좋다. 취직은 전통있는 기업보다 새 회사를 택하는 편이 장
(長)의 자리가 높아지고 책임과 부하가 늘어날수록 운세도 신용도
점점 상승하는 동갑명이다. 처음은 작더라도 그룹을 끌고 갈 심산
으로 후배의 보살핌은 적극적으로 봐주는 것이 개운(開運)의 비결
이다.

또 어떤 부서에 있더라도 가슴을 펴고「나는 나」라고 할 수 있
는 솜씨를 보여 주는 동갑명은 통털어서 운세도 좋은 것 같다.

연애운

동갑명은 일반적으로 구하는 것이 익숙치 못하다. 남녀를 불문
하고 연인에게 필요로 하게 되는 것이 만족의 기준이 된다. 구애를
받고 싶은 것이다. 본디 청결 담백한 성격이라서 연애면에서도 비
교적 깨끗하다. 장난기로 유혹하는 것을 일일이 본심으로 수용하
거나, 사랑스러운 사람도 많다. 게다가 사랑에 거래를 하거나 뒷공
작을 하는 것 따위를 싫어한다. 정정 당당하지 않으면 마음에 들지
않는다. 갈라질 때도 깨끗하게 마무리하고 단념도 빨리한다.

일출의 기를 갖는 사람이라서 지평선에서 해가 뜨듯 떨어져 간
다는 행위를 근본적으로 두려워하지 않는다.

연애 경향에도 두 가지 타입이 있다

두 가지 타입이란 얕고 넓게와 깊고 좁게의 두 타입이다. 얕은
타입은 여러 타입의 사람과 멋지게 사귄다. 명랑하고 사치스러워
소위 프레이 보이, 프레이 걸이 많다. 구속받기 싫어하는 성격은
바람을 피우거나 불륜도 비교적 예사이다. 그렇지만 본디 정이 두
터운 동갑명이라서 냉정하지는 않고, 퍽 자상하며 유순하다. 그러
나 상대편의 눈에는 외모만 갖추는 것으로 비치게 된다. 깊이 들어

가 자기의 결점을 보이는 것을 부끄럽게 생각하는 탓에 사랑에. 열
중하지 못하는 사람도 있을 것이다. 중요한 한 발자국을 내어 딛지
못하고 후회한 경험이 있을 것이다.

한편 깊고 좁은 타입은 외모 등은 신경을 쓰지 않고 서툴게나마
한 사람의 이성을 진심으로 오래도록 사랑한다. 장점도 결점도 자
기의 모든 것을 보이고, 사랑하려고 한다. 견실하면서 평화스럽고
따사로운 사랑을 원한다.

그러나 연인 이외의 이성이 보다 더 자기를 필요로 했을 때, 갑
자기 바람기를 부리는 예도 있다. 그런 경우는 동갑명의 본인보다
그 연인 편이 반성해야 할 것이다.

반대로 젊을 때는 얕은 타입이 어느 정도의 나이를 먹으면 그이
만의 이성을 만나는 것에 의해 깊은 타입으로 변하는 사람도 있
다.

그런 사람은 인간적으로도 폭이 넓어져서 역시 매력은 있는 것.
독특하고 깊은 인생관으로 파트너를 끌고 간다. 초대운은 때로는
결혼의 형식에도 나타난다.

물론 반대의 경우도 있다. 또 부부의 별(星)에도 원인이 있으나
자식은 남아(아들)인 편이 압도적으로 많은 것 같다.

天 甲 命 2대째 운세를 갖는 명랑하고 쾌활한 행동파(行動派)

성 격

명랑하고 쾌활하다. 숙명육갑 중에서 최대의 힘을 갖고 있다. 강함과 힘이 사물의 기준이 된다. 남녀 모두 곤란한 대사업이라도 깨끗하게 수행하는 능력은 대단하다.

강한 미국에 서서 강력하게 국민을 끌고 간 레이건 전대통령이 천갑명이다. 일본에서도 컴퓨터 달린 부도자라는 별명을 가지고 있던 전 다나까 가꾸에이(田中角榮)원 수상이 있다. 한쪽 손을 들고「영차 영차」라고 외치면서 일본열도 개조를 진행해 갔던 다나까 씨는 천갑명의 정력가 그 자체였다.

이 강한 기는 가끔 자신감이 넘치는 성격을 만들기도 한다. 천갑명은 적지 않은 부추김에는 약한 숙명이라서 유혹에 잘 넘어가고 칭찬을 받으면 들떠버린다. 이것을 영웅 증후군(症候群)이라 하지만, 자칫하면 자기 도취에 빠지기 쉽다. 역시 인기 타기를 좋아한다. 평소에도「나는 대접을 받는 것이 당연하다」는 잘못된 짐작에 빠지기 쉬운 경향이 있다. 그런 만큼 마음에 자신 과잉(自身過剩)의 면이 나타나면 골목대장격이 되어 사람을 멸시하기 쉽다. 이것도 천정위(天頂位)라는 장소 탓일 것인가. 본인은 그런 것에 전연 표면에 나타내고 있지 않는 심산이지만, 아는 사람은 알게 된다. 아무말 하지 않고 있는 것 뿐이다. 그것을 알고 있거나 모르고 있거나 잘못 건방지게 되거나 타인을 경멸하게 되면 타인으로부터 미움을 받기 쉽다. 어려울 때 도움을 받지 못하게 된다.

천갑명의 힘은 어떤 뜻으로는 국가를 움직일 정도로 크기도 한다. 그것은 집단이 양(陽)의 시대를 맞이했을 때, 그런 속에서 뻗어나가 집단 자체를 끌어당기는 힘이다. 요컨대 회사·국가·가문(家門)·가정 등이 자리를 잡아 안정되어 자유롭게 되는 평화기, 건설기라는 시대로 쑥쑥 뻗어 나가는 숙명이다.

평화시대의 천갑명은 모두의 중심이 되고 뛰어난 아이디어와 실행력을 가지고 여러 분야에서 개발을 진행시킨다. 그런데 강력한 약에는 반드시 부작용이 있듯이 개발에 의해 생기는 부차적(副次的)인 해독을 예측해야 한다. 생활을 하기 위해 토지를 개발한다. 그것이 평화라는 시대이다. 그러나 그것으로 인한 재해가 일어나거나 자연보호를 해야 할 필요도 생긴다.

평화 뒤에는 동란의 시대가 온다는 것을 잊어서는 안 된다. 당신이 천갑명의 사람이라면 일을 일으킬 때는 작은 일일지라도 그것에 의해 야기될 영향을 넓은 범위에서 앞의 일을 충분히 치밀하게 고려해야 할 것이다. 이것이 천갑명에게 부여된 책임의 깊이다.

특히 우주개발·해양개발·위험물 취급하는 일 등이나 고고학·정신의학·종교·고성능 산업 등 인류에서 금후 과제가 될만한 미지의 분야에 종사하는 천갑명의 책임은 중대하다.

제동역·조절역 사람을 곁에 두는 것이 개운의 비결

천갑명의 최대의 장점은 태양과 같은 밝음과 부드러움이다. 모든 생물의 기운의 근본이다. 힘(강력)과 부드러움은 영웅의 영원한 테마이다. 강한 천갑명에도 운세의 좋고 나쁨은 당연히 있다. 만일 움직여야 할 때에 최대의 행동력을 발휘하면 영웅은 틀림없다. 그러나 그 이상 발전하면 수습 불능으로 실패할 경우도 있다.

천갑명은 이 이름대로 천정(天頂)에 자리한다. 직접 지면에 닿지 않는 장소의 기운을 갖는 탓에 둥실 떠 있는 상태인 바로 무중력

(無重力)이다. 외부에서 작은 힘이 가해져도 움직이고 한 번 흔들리면 벌써 자력으로는 머물지 못하게 된다. 부력(浮力)이 강하고 낙하할 일이 없는 천갑명도 강한 충격으로 밀리면 어쩌지 못하고 낙하해 버린다.

「자제(自制)가 안되면 타력으로 정지하면 된다」 이런 발상의 전환이 육갑법의 기본이다. 제동이 안되면 제동 역할을 할 사람을 만들면 된다. 작동할 때는 조정역을 할 사람과 함께 한다. 이것이 천갑명인 당신에게 주어진 개운의 극의(極意)다. 당신이 성공하려고 생각한다면 뻗어나갈 때, 전진해갈 때는 부추켜주고, 북돋아주는 사람이, 반대로 낙하할 기미가 있거나 정지하려고 할 때는 「정지」라고 구령을 외칠 사람이 불가결하게 된다.

따라서 다른 숙명육갑인보다 「때」를 잡고 「사람」을 잡아야 할 필요가 있다고 하겠다.

천갑명은 2대째, 3대째를 계승하는 일이 많다

만상학의 방향개념은 동(東)을 시작하는 방향, 대극(對極)의 서(西)를 끝내는 방향으로, 또 북(北)은 흡수, 그 대극인 남(南)을 방출(放出)의 방향이라 생각하고 있다. 동서・남북의 각각의 힘은 밀접하게 엉켜서 결코 단독으로는 가동하지 않는다.

이 네 방향에서 오는 힘의 마찰을 억제하고 원만하게 운반하는 것이 천갑명의 구실이다. 요컨데 창시자가 시작한 것을 천갑명이 인계하여 조정역에게 넘기는 것이다. 창조자의 생각을 후원하거나 실제로 형태화 한다. 항상 누군가가 풍긴 힘을 받아서 그것을 알맞은 실행력으로 크게 발전시켜서 다음에 대기하고 있는 자에게 전하는 것이다. 따라서 단독으로 활동하기보다 집단 속에 있는 편이 보다 힘을 발휘하기 쉽다. 이런 중간 구실의 운명을 갖는 천갑명은 거의가 2대째, 3대째의 운명이 된다. 혹 독립한다 하여도 사상이나 기술 등에서는 누군가의 뒤를 계승하는 일이 많다. 결국 선대(先代)의 운명이 중요하다. 선대(부모)의 운명이 만일 빈운(貧運)이었다면 그 질(質)을 이어서 빈운으로 기울어지기 쉽다.

사업운

천갑명은 집단 속에서만 실력이 발휘된다. 따라서 사업운의 요점도 타인과의 접점(接點)에 있다. 타인의 지지를 받아서 비로서 좋은 사업으로 성장한다.

천갑명의 개운의 방향을 「신뢰형」과 「불신형」으로 나눌 수 있다. 신뢰형의 목적은 결과를 확실하게 내는 것이다. 그러기 위해서는 수고나 시간을 아끼지 않는다.

책임감이 강하고 완벽을 기하려 한다. 당연히 동료들에게 지지를 받는다. 자신 보다도 주위를 살피는 사람이다. 상대편의 처지를 잊어버리지 않는다.

불신형에는 책임감이 부족하다. 언제나 자기 기준으로 판단하기 쉬우니 요주의. 작은 일이라면 무관하지만 생명에 관계되는 일에 종사하고 있다면 주의하지 않으면 안 된다.

불신형일지라도 많은 지지자나 부하를 거느리고 크게 성공한 것처럼 보이는 사람도 많을 것이다. 그러나 사람들은 그 사람 자신을 믿고 따라간다고는 한하지 않는다. 그 사람이 마침 가지고 있는 권세나 재력(財力) 등의 힘에 동경하고 또 두려워하는 탓에 순종하는 일도 있을 것이다. 그것에 정신을 차리지 않고 부하를 마구 혹사하는 사람은 실패하기 쉽다.

타고난 행동력으로 영웅이나 여장부도 꿈은 아니다

천갑명에게 적합한 직업 몇 가지를 들어보기로 하겠다. 기본은 행동력과 영웅심이다. 우선 필두로는 실업가·정치가라는 실행력이 최대로 살릴 수 있는 영역, 연기하는 배우나 주인공을 표현하는 작가, 여기에도 훌륭한 면면(面面)들이 모여 있다.

기회를 잘만 잡으면 바로 영웅이 되는 것도 꿈만은 아니라서 많은 관중들 앞에서 타오르는 스포츠 선수도 좋다. 야구, 테니스, 골프, 축구 등의 프로선수를 비롯하여, 아마추어에도 스타선수가 줄지어 모여 있다.

활약의 열쇠는 자기 관리와 어떻게 불타는가이다. 조직 중에서도 인계(引繼)만은 차근이할 것.「대체로 알고 있다」로는 안 된다. 그리고 작은 것에도 책임을 가질 것. 기준을 직장에서 가장 엄격한 사람에게 낮추어야 한다. 그리고 아랫사람에게도 신경을 써야 한다. 일은 전원으로 하는 것인 탓이다.

또「나는 나쁘지 않다」라고 바로 책임을 전가하지 말아야 한다. 불신형에의 가장 첩경이다. 평소 나는 변명만 하고 있다고 느낀다면 반성해야 한다.

「아무것도 아니다」「걱정 없다」「보통이다」「할 수 있다」등등 쉴 새가 없는 천갑명의 입버릇도 신뢰형이 말하는 것과 불신형이 말하는 것과는 그야말로 하늘과 땅의 차이이다.

연애운

일반적으로 갑자기 시작하는 일은 없다. 친구, 동급생, 동료 등 비교적 친근한 사이에서 발전하여「친구사이가 언제인지 모르게……」의 경로가 많다.

평소 명랑하고 자칫 가볍게 보이기 쉬우나 사실은 매우 진실한 연애관을 가지고 있다. 한번 사귀면 일편 단심이다.

강하면서도 부드럽게 끌어당기는 타입. 남녀 모두 이상적인 연인이 된다. 혹 실연하더라도 낙담하기는 단기간. 물론 상처는 크지만 단념도 깨끗하게 한다. 본디 착실한 천갑명이므로 불륜이나 방탕은 못한다. 그러나 영웅 증후군의 기가 강한 사람은 예외이다. 때와 경우에 따라서는 믿을 수 없을 만큼 불륜이나 방탕으로 쏠리기도 한다. 분위기에 도취되어 영웅기질이 되기 쉬운 경향이 있으므로 조심해야 할 것이다.

관대하고 온순함이 천갑명 최대의 매력

가정에서는 좋은 아내, 좋은 남편이 되려는 천갑명이다. 그러나 여기에도 신뢰형, 불신형의 특징이 나타난다. 신뢰형의 사람은 우선 첫째로 가정을 소중하게 여긴다. 「가족이 있으니 내가 있는 것이며, 내가 있어서의 가정은 아니다」라고 생각하므로 당연히 가정의 신뢰도 두텁다.

그러나 불신형의 색채가 깊어지면 가족에게 인정받지 못하게 된다. 여기 저기에서 적당한 처리가 눈에 띄는 탓이다. 특히 여성의 경우, 착실한 성격의 시어머니와 며느리가 있으면, 우선 충돌하게 된다. 당신의 「눈에 띄게, 열심히」는 통용되지 않는다. 만일 그렇다면 설령 상대가 며느리일지라도 솔직하게 사과하고 가르침을 받기를 권유한다. 요령만 알게 되면 실행력과 능력이 있는 탓이다.

강력한 불신형은 「내가 없으면 아무것도 안 된다」고 내가 있고서야 가정이라 주장한다. 누구에게도 감사할 생각은 안하고 자기 권리만 내세우게 된다. 관대하고 포용심이 넓은 부드러움만이 최고의 매력이라는 것을 잊어서는 안 될 것이다.

南 甲 命   개성적이며 극적인 인생을 살 감각파

성 격

개성적, 감각적이며 순수하다. 숙명육갑 중에서 가장 극적인 인생을 사는 것이 숙명이다. 강력한 실행력을 가지지만, 행동하기 전에 이것 저것 이유를 따지는 것을 싫어하고 감성(感性)이 행동을 결정하는 표준이 된다.

충동구매 등이 강하므로 갖고 싶다고 생각하면 바로 사고 만다. 생각할 이유가 필요없다. 희로 애락도 바로 표정이나 태도로 나타낸다. 또한 당신은 지위(地位)가 있으니, 부자라는 이유로 친구를 선택하지는 않을 것이다.

또 어떤 유명한 상표(商標)일지라도 상표란 것은 다른 사람이 결정한 기준(基準)이라고 여기고 마음에 들지 않으면 상대하지 않는다. 에누리나, 서로 상대의 마음 속을 살피는 행위는 즐기지 않는다. 당신에게 중요한 것은「그것 자체가 자기의 감성(感性)에 맞는가, 맞지 않는가」라는 것이다. 일반적인 가치관(價值觀)에 좌우되지 않는다. 그런 탓에 설령 이름은 없고 값이 싸거나, 반대로 초고가(超高價)일지라도 좋은 것은 좋고, 마음에 드는 것은 좋아하게 된다.

「어째서? 저쪽 것이 더 좋은데」라고 이상하게 여겨지는 경우도 많을 것이다. 그러나 이유를 잘 표현하지 못한다. 본인은 매우 진정인데도 왜 그런지「이상한 사람이다」라고 여겨지고 있다. 사실 이것을 뒤집어 생각하면「주목하지 않으면 안 될 사람」이라는 것이리라. 그것도 역시 매력이다.

유행을 가장 많이 만들어내는 것도 남갑명이다. 어떠한 것이 마음에 들어 하고 다니면 어느 순간에 그것이 유행이 되어 주위 사람들이 모두 하고 다닌다. 이런 경험은 당신에게도 있을 것이다.

훌륭한 이론가도 남갑명에는 많은 것같다. 두뇌 회전이 빠르다 할까? 집중력(集中力)이 뛰어나다고할까?…… 필요없는 것을 뛰어넘어, 사물의 핵심을 재빨리 파악해 버리는 것이다. 한 가지를 들으면 열 가지를 알게 된다는 것이 장점이다. 저 아인슈타인 박사가 있을 정도이니 나아가는 방향에 따라서는 천재이다. 역시 남갑명의 집중력이라는 것은 한 곳에 빛을 집중시킨 탐조등(探照燈)과 같은 것이다.

자기가 싫어하는 부분을 보게 되면 그야말로 다른 눈에는 들어오지 못하게 된다. 그런 탓에 싫은 것은 싫어지게 된다.

이것이 이면(裏面)으로 나타나는 경우도 몇 가지 있다. 당신이 보고 있는 것이 바르다고 하더라도 그것이 전혀 통용되지 않을 때도 많을 것이다. 더구나 세간 일반적인 상식이 아닐 경우, 우선 인정을 받지 못한다. 그리고 전혀 악기(惡氣)가 없는데도 다른 일에 집중하여 누군가를 무시한 형편이 되었을 경우 그것이 이유가 되어 언쟁이나 다툼이 되어도 당신에게는 이해가 안가는 일일 것이다.

한 순간의 잘못에 집중해 버리는 일도 자주 있다.「잘못이구나」라고 깨달았을 때에는 완전히 들 떠 있는 소위 감을 잘못 잡은 것이다. 사소한 일이라면 상관 없으나, 이것이 크게 되면 실패로 연결되어 혼이 난 경험도 있을 것이다. 달콤한 말에 속는 것도 이 성격이 원인이다. 고집이 세다든가, 비상식적이라 일컬어지는 것은 이런 이유에서이다.

어느 쪽이든, 남갑명의 주위에는 어느 정도 분명히 적과 내편으로 갈라지게 마련이다. 「얼굴도 보기 싫다」라는 말을 듣게 되는가 하면, 또 다른 면에서는 부탁도 하지 않았는데 여러 가지를 돌봐주는 사람이 많이 있거나 호감을 갖게 되는 것도 극단이다.

착실한 직인(職人) 기질의 순수파와 방종한 자유인의 분방파(奔放派)

남갑명의 기본은 착실성이다. 이 착실성은 경우에 따라 순수와 분방이라는 아주 대조적인 두 가지 특징으로 나타난다.

순수파는 착실하고 정직, 온순하며 깊은 신앙심이 있고, 한 가지 일에 열중하는 대단한 직인 기질이 있다. 서투르게나마 반골심(反骨心)을 갖고 있다. 명랑하나 얌전하며 농담이 통하지 않는다. 대망을 품고 있으며, 남의 인정을 받지 못해도 신념을 갖고 있다.

순수파가 완고해지면 동요가 없다. 호인이며 온화하지만 감동하기 쉽고 이해 타산을 하지 않고, 봉사하기를 서슴치 않는다. 굳은 의지를 갖은 사람이 많다.

분방파는 자유인이다. 격렬하면서 반발심이 있어 체제(體制)에 순종하지 않는다. 자기 중심적이고 이기주의자이며 방종에 흐르기 쉽다.

순수파보다 분방파가 표정이 더 풍부하다. 장래나 앞뒤보다 현재를 중시한다. 인내심이 약하나 일종의 예술가 타입. 마음대로 안되면 신경질을 부린다. 격렬한 탓에 상처를 받기 쉽다.

동일인이라도 양쪽 성질을 아울러 갖춘 사람이 있다. 연대(年代)에 따라 양쪽의 성질이 바뀌어 나타나게 된다.

평소는 하고 싶은대로 하고 있으나, 어려운 사람을 보면 그냥 두지 못하거나 존경하는 사람 앞에서 만은 순수파로 변한다는 분방파도 나타난다.

10대, 20대의 젊을 때는 완전한 분방파였으나, 나이가 들면서 순수파로 변하는 사람도 있으나 그 반대의 경우도 있다.

남갑명은 중요한 기로에 섰을 때도, 선악(善惡)으로 선택하지 않고 호(好)·불호(不好)로 선택하게 된다. 이성적인 선택이 아니라, 감정적으로 흘러버린다. 그런 탓에 진로도 운세의 변화는 그야말로 천지의 차만큼 극단으로 갈라진다. 감정적인 진로가 극적인 인생행로를 걷게 되기 쉽다.

어제까지 부(富)와 명예 속에 취해 있었으나 절대로 선택해서는 안 되는 길로 들어간 탓에 그날 먹고 살기에도 어렵게 몰락해 버린다. 이건 마치 영화나 소설에서 있을 수 있는 그런 인생이 될 수 있는 것이 남갑명이다.

신뢰를 얻는 것이 남갑명의 과제

남갑명이 가지고 있는 착실성은 신뢰심이 신념으로 발현된다. 개운, 성공의 핵심도 당연히 여기에 있다. 자기의 성공을 믿는 탓에 크게 성공한 사람이 많다. 크게 성공하겠다는 신념이 일종의 초능력으로 작용하여 결과적으로는 사람들의 의지를 얻게 된다.

곁들여 불운으로 기우는 남갑명은 나쁜 것만을 보게 되고, 나는 나쁜 운세라고 믿어버려 필요 이상의 책임감과 불안과 긴장의 중압을 지고 살아가게 된다. 신앙을 가질 것을 권한다.

남갑명에 한정되지 않고, 현대에서 성공하는 관건은 희망이다. 행복은 서로 믿는 것에 있다. 직장이나 가정에서의 괴로움도 함께 나누고, 기쁨도 함께하며 주위 사람들의 신뢰감을 얻어야 한다.

이런 각박한 세태에서 진실하고 따뜻하게 대인과의 접촉을 하는 것이 순수한 힘이며 귀중한 신뢰심을 얻게 되는 첩경이 될 것이다.

남갑명 중에는 착실하게 일하며 대인과의 접촉을 한 결과, 사람

들의 심정을 윤택하게 하고 희망을 주는 일종의 종교가적 구실을
하는 사람이 많을 것이다.

사업운

세계에서도 최상급의 훌륭한 패션 디자이너들이 모두가 남갑명
이다. 감수성이 뛰어나고 드라마틱(劇的)한 운명을 갖는 남갑명은
어떤 경우에도 사람들의 주목을 받고, 의식되는 숙명이다.

개인적인 적합한 직업은 패션에 한정되지 않고 배우·스포츠 선
수·예술가·작가·의사·사상가·교사·종교가 등 여러 가지가
있는데 어느 직업이라도 자신을 살릴 수 있는 환경만 갖추어지면
독특한 재능을 발휘하게 된다.

조직 속에서는 기획관계나 선전, 홍보, 영업 등도 좋을 것이다.
그러나 사소한 간섭이나 구속이 있으면 알맞은 직업이 못된다.

남갑명이 실리주의로 나가면 원망을 산다

남갑명이 성공하자면 우선 힘을 확실하게 살리는 기술을 배울
필요가 있다. 감성은 뛰어나지만 그 재능을 어떻게 살리는가가 문
제이다. 일을 시작하면서 처음으로 확인할 것은 자기 활동의 영역
을 미리 알아두는 일이다.

규율을 무시하는 것이 남갑명이 실패하는 가장 큰 원인이다. 인
간관계도 부드러울 것을 유념해야 할 것이다.

일을 할 때에는 중요한 것이 몇 가지 있다. 문제는 무엇을 소중
하게 할 것인가? 두 가지 일을 이해해야 한다. 평소부터 건강관리
와 감성(感性)을 살리기 위해서 필요한 학습을 계속해야 할 것과
자기 만족은 혼자 얻어진 것은 아니므로 여기에 감사가 없는 사람
은 필요한 것을 스스로 포기하고 있는 것과 같다. 자만심은 덕이

되지 않는다. 모든 일에 감사하는 마음을 가져야 할 것이다.

일에는 원인(내용, 소재)과 결과(이익)가 있다. 결과만 생각하기 쉬운 남갑명은 분명히 원한을 산다. 집중력의 작용으로 실리주의로 흐르기 쉽다. 눈앞의 이익에만 구애되지 말고, 충실한 내용을 채워야 할 것이다. 그러면 결과는 신용을 가져오고 신용은 기분 좋은 책임감을 낳는다. 이것의 반복이야말로 확실한 지위로 연결된다.

신용은 또 이해를 낳는다. 자기를 살려 써줄 인맥에 이해된다면 성공한거나 같다. 그러기 위해서는 필요한 것이 예(禮)와 절(節)이다. 이 사람이라고 생각되면 성의를 가지고 상대의 처지를 제일로 생각해야 한다. 남갑명의 개운(開運)의 열쇠는 여기에 있다.

연애운

순수파, 분방파를 불문하고 한눈에 반하는 형, 연애로 발전하고 안하고는 별도로 하고, 한 순간에 「이 사람이다」라고 결정하면 다른 사람은 눈에 보이지 않는다. 사랑을 하면 일이 손에 잡히지 않고 연애가 생활의 중심이 되어버린다. 좋아하는 변화가 많은 것도 남갑명의 특징이다. 용모는 물론 어떤 지위에 있든 좋은 사람은 좋아한다. 특수한 상대가 된다. 단지 언제까지나 트집을 잡고, 꼬이며 우유 부단한 사람은 좋아할 수 없을 것이다.

사랑에 주저하기 쉬운 순수파, 대담하게 모험을 즐기는 분방파

순수파와 순방파의 차이가 가장 현저하게 나타나는 것이 연애이다. 연애에서 성격이 나타나는 것은 아주 정반대이다.

순수파의 특징은 자신감이 없고 망설인다. 「나같은 사람을 돌아볼 턱이 없다」라고 생각해버린다. 그러나 방탕하지는 않는다.

결혼하면 가정과는 잘 어울린다. 남녀 모두 좋은 남편, 착한 아내의 구실을 잘할 것이다.

분방파는 감각적이고 대담하며, 아찔아찔한 스릴을 즐긴다. 「사랑에 빠진다」라는 것은 분방파를 위한 단어인지 모른다.

말을 교환하기 전에 사랑에 빠진다. 감성에 맞기만하면 만나는 순간부터 타오른다. 이유 등이 필요 없다. 불꽃이 타듯 극적으로 사랑에 빠진다. 그리고 다른 주위의 상황 등을 무시하고 뜨겁게 타오르기를 즐긴다. 그런 탓에 가끔 무시해버리는 상황이 다른이에게 크게 장애가 되어버리기도 한다. 그러나 여러 가지로 비판을 받아도 「어째서 어디가 나쁜가? 나는 본심(本心)이다」라고 거침 없이 대꾸해 버린다. 그것이 또 보기좋게 좋은 결말로 맺게 된다. 당신에게는 세간의 상식은 어쨌거나 아주 진실하며 진실 바로 그것이다.

분방파(奔放派)의 경우 불륜이나 바람기가 있을 수 있다. 사랑에 빠질 때의 쾌락을 가장 소중하게 여긴다면 바람기가 아니라도 사랑의 편력을 거듭할 수도 있다. 한 사람으로는 불만이다. 그러나 실지의 경우, 좋아지면 무엇보다도 상대를 생각하는 것이 남갑명의 사랑이다. 분방파라도 좋아하는 사람 앞에서는 순수파로 변화해 버리는 사람도 많다. 언제까지나 사랑하는 사람에게 붙어서 귀여움을 받고 싶은 것이다.

北 甲 命 목적을 가지면 강한 노력형의 완벽주의자

성 격

완벽주의자이다. 인내심이 강하고 지기 싫어한다. 신경이 예민하며 결단력은 부족하지만 분석력은 뛰어나서 치밀하게 일을 처리하는 능력은 우수하다. 이와 같이 매우 섬세한 신경을 소유하고 있어서 가끔 다른 사람의 수준에 맞추는 일이 어려울 수도 있다. 「조용히 있게 해 달라」혼자 있고 싶을 때도 있을 것이다. 그러나 그런 당신일지라도 주위 사람들에게는 「깔끔하고 대범한 사람이다」라고 인식되어 있는 것이 많을 것이다. 자기의 내면을 완전히 표면에 나타내는 것을 꺼리는 탓이다. 그런 탓에 친해져서 마음을 터놓거나 우연히 예민한 일면이 나타나거나하면 이상하게 놀라게 되기도 한다. 「어차피 이해받지 못할 것‥‥」등으로 고민했던 일도 있을 것이다.

대인관계에서는 사람의 모든 것을 아주 믿고 인정하는 일은 전혀 없는 것 같다. 「저 사람의 일하는 솜씨는 인정하지만 인간성은 역시‥‥」등으로 인정하는 면과 그렇지 못한 면을 분명히 인식한 후에 접촉하는 일이 많다. 그런데 자기가 인정한 사람으로부터 「좋은 사람이니‥‥」라고 소개된 경우라면 그렇지만은 않을 것이다. 간접신용(間接信用)이라고나 할까? 자기도 인정하려고 생각해 버리기도 한다.

행동에는 확실한 이유가 필요하다. 충분히 납득이 안가면 처음부터 다시해야만 적성이 풀리는 완전지향자. 시간을 충분히 쓰면서 나아가면 어느 부서에도 전문가로서 성공할 수 있는 숙명이다. 절대로 마음 내키는 대로 행동하지 않는다. 한 가지의 계획을 실천으로 옮길 때도 여러 각도에서 검토한다. 때로는 우유 부단하다고 생각할 수도 있다.

일상(日常)의 예를 찾아보기로 하자. 가령 물건을 살 때, 충분히 납득(納得)하기 까지 여러군데 가게를 둘러보는 사람이 많을 것이다. 목록이나 전문지를 종이가 닳도록 검토하는 사람도 있다. 여간해서 실제로는 살 수가 없을 것이다. 그러나 북갑명의 충동구매에는 다른 목적을 만족시키기 위해서 있다. 울분을 풀기 위해서든가, 자기의 이상(理想)에 대한 연출(演出)이라든가…… 육갑법에서는 북갑명에 충동적(衝動的)인 행동이 너무 많으면 후에 반드시 운세의 변동에서 오는 커다란 스트레스가 기다리고 있다고 한다. 주의해야 한다. 또 다른 사람의 매물(賣物)에 함께 갈 경우에는 간접신용에서 덩달아서 필요하지 않는 것까지 사버리고 마는 일도 있다. 평소에는 우유 부단(優柔不斷)으로 보인다. 그러나 일단 명확한 목표가 결정되면 딴 사람으로 변한다. 일상 생활에 맞도록 대단한 실행력을 갖춘 노력가이므로 거의 확실한 목표대로 달성한다. 그러나 별로 표면에 나타내기를 힘쓰지 않는 탓에 아무도 그의 노력을 아는 경우가 별로없다.

숙명육갑 중 가장 지혜로운 사람이다

만상학의 방향개념으로는 북방을 지혜를 뜻하는 장소라고 하고 있다. 이런 뜻으로도 북갑명은 숙명육갑 중에서 가장 지혜로운 사람이다. 그 특징으로는 뛰어난 기억의 재능을 들 수 있겠다. 한번 기억한 것은 참으로 잘 기억하고 있다. 그러나 역으로 보면 한번 기억한 것에서는 좀처럼 벗어나지 못한다 하겠다. 발상의 전환에 시간이 걸린다.

　북갑명에는 종교나 점을 비과학적이라고 전적으로 부정하는 사람도 적지 않다. 그러면서도 확실한 사상과 이론에 근거한 것은 별로이다. 자기에게 납득만 되면 빠져버리는 일도 있다. 취미가 나아가서 연구를 거듭하는 전문가가 되는 사람도 적지 않다. 사물을 간단히 단념하지는 않는다. 99%가 안 된다는 것을 알면서도 남은 1%에 희망을 걸고 끝까지 물고 늘어지는 것이 북갑명의 특징이다. 이 끈질긴 것이 요컨데 완벽주의의 이면(裏面)이다. 단념을 못하는 탓에 과거를 뉘우치고 갈등하는 것은 항다반사. 완벽을 지향하는 탓에 항상 현상에 의문을 품고 완전을 기하기 위해 지혜를 닦는다.

　위대한 정치가·사상가를 자주 배출하는 것도 북갑명이다. 보통 인생을 사는 사람이라면 완벽주의는 현대사회에서는 스트레스가 쌓이는 큰 요인이다. 완벽을 지향하면 무엇인가 희생을 지불하지 않으면 안 된다. 문제는 인간관계이다. 독특한 감성을 가진 탓에 회사·가정·집단의 위기에는 잘 어울리지 못한다. 그러나 그것이 집단생활에서는 방해가 되는 것임을 알고 있는 탓에, 잘 참고 견디며 표면상으로 화합은 하지만 역시 스트레스의 큰 원인이 된다. 이 스트레스를 해소 할 특효약은 여유이다. 수면도 여유를 얻기 위한 좋은 방법이지만 신경질적인 탓에 불면에 걸리기 쉬운 숙명이다. 불면을 해소하려면 스트레스를 처리하지 않으면 안 된다. 스트레스가 가져오는 여러 가지 증상(症狀)의 완화를 잘 처리하는 분야로 하는 것이 한방약(漢方藥)이나 침구(鍼灸) 등으로 대표되는 동양의학이다. 본디 음양설이나 오행설(五行說)에서 생겨난 동양의학은 기(氣)를 자연스레 흘리는 것이 본래의 목적이다. 병을 치료할 뿐만이 아니고 정신 안정에도 크게 도움이 된다.

　북갑명의 경우 숙명을 구성하는 별(星)에도 의하지만 특히 한방

과 침이 좋은 효과를 얻게 된다. 서서히 오래 계속하도록 해야 한
다. 불면도 해소되고, 신체의 균형도 좋아지므로 이것이 행동력으
로 연결된다.

목표를 향해 노력하고 자기 수준을 고양시키는 북갑명

북갑명이 인간적으로 성장해 가는 배경에는 반드시 자기보다 위
의 역량을 가진 사람의 영향을 받아 목표로 한다는 것이다. 그 상
대는 좋아하는 사람에 한정하지 않고, 가끔은 원망스런 적일 수도
있다. 아주 싫더라도 무시할 수 없는 사람도 있는 법. 배울 것이
있을지도 모른다.

북갑명은 자기가 의식한 상대에게 자기도 의식되어지고 이해되
어지기를 본능적으로 바란다. 정신을 과로하게 쓰는 편이기도 하
다. 연애도 깨끗하게 되는 것도 이런 성질의 나타남이다.

좋아진 사람이나 경쟁상대가 자기에게는 없는 훌륭한 패션센스
를 가지고 있다고 생각하자, 그러면 패션 잡지를 몇 권이라도 사와
서 며칠이고 책에 구멍이 나오도록 연구한다. 그렇게 하므로서 자
기도 패션의 지식이 풍부해져서 「과연 이 상의에는 이 하의가 맞
는다」든지 「이 색과 이 색은 어울리지 않는다」라고 마음 속으로
완벽하게 배합할 수 있게 된다. 거기까지 준비가 되고 나서 비로서
의복을 사러 나간다.

점원의 의견도 참고 하면서 자기의 취향에 맞도록 갖추게 된다.
이 시점에서 겨우 상대를 만나러 간다. 다소 지나칠지도 모르나 거
기까지 노력하지 않으면 안심이 안 된다. 만일 상대가 능숙하게 일
을 해내는 사람이라면 자기도 즉시 기술이나 방법을 열심히 공부
한다.

이런 노력이 좋은 성적을 올리게 되고 자신도 모르게 성장하게

된다.

북갑명 중에는 때로는 아무 생각없이 몇 년이나 게으름을 피우기도 한다. 완전주의자로 꼼꼼한 북갑명 답지 않지만 사실 이것은 「어차피 완전하지 못하니 하더라도 쓸데 없다」라고 포기하는 까닭이다. 요컨데 때가 되어 완전하게 일 할 여유가 생기든가, 견딜 수 없을 때까지 손을 데지 않는 탓이다.

사업운

적절하고 고도의 분석력을 가지고 있으니 그것을 사업에 이용하지 않을 수 없다. 그를 위해서 반드시 명확한 목표를 세울 것이다. 그렇지 않으면 행동력이 발동하지 않는다. 금전이나 명예 또는 적수를 목표로 하는 것도 좋을 것이다.

어느 세계에서도 제 1인자로 활약할 수 있을 것이다. 치밀성이 결점이 될 수도 있다. 완전한 결과를 지향하자면 시간이 무엇보다 필요하다. 빠른 자가 승리한다는 요소가 강한 사회에서 이것은 마이너스로 작용한다. 사회에서는 조잡한 작업을 인정하지 않게 된 것도 사실이다.

만상학의 처지에서 말하자면 이제부터는 희망을 가져오는 정직한 인물이 중심인물로 떠오르는 사회가 되어진다. 북갑명은 그런 인물을 기둥으로하여 진실성과 확실성을 가지고 사업에 종사하는 것이 금후 성공의 열쇠가 될 것이다.

시간을 써서 신용과 기반을 다지는 것이 사업운을 잘 되게 하는 핵심이다

북갑명은 대중의 취향을 분석하여 계산하고 유행을 만들어낼 수 있는 숙명이다. 이것은 기업인도 응용이 된다. 강력한 승부력을 살려서 운동세계에서도 성공할 숙명이다. 또 지혜에 혜택을 받았으니 정신노동에 적합하다. 학자·사상가·평론가·문학자·편집자 등 자유스런 감성과 창조력을 가진 예술가로도 발전 할 수 있다.

조직 속에서는 만일 정상을 목표로 한다면 가능한 시간을 써서 탄탄하게 신용과 기반을 다질 것. 어느정도 참신한 착상과 실행력과 신념이 없으면 지도적 처지보다 중심 인물을 지혜와 분석력으로 보조하는 처지가 좋을 것이다. 부서로서는 숫자를 취급하는 경리, 지혜와 아이디어를 살리는 기획, 치밀한 성격으로 비서 등이 적합하다. 목표만 분명하면 영업이나 홍보 등에도 좋은 결과를 보게 될 것이다.

연애운

연애면에도 완벽주의 경향이 여실하게 나타난다. 한 눈에 반하는 일은 없다.

만나는 순간 호감을 느낄 수는 있으나 바로 행동으로 옮기지는 않는다. 연애관계로 진행할 때도 어느 정도의 시간과 단계가 필요하다. 보통 자기 주위에 몇 사람의 다른 타입의 후보를 두는 것이 많다. 각각을 차분하고 치밀하게 비교 검토하며, 최종적으로 한 사람으로 집약하고 더욱 음미한다. 지나치게 시간을 끌면 타이밍을 놓칠 염려도 있다.

라이벌이 생길 경우에는 빼앗길 수도 있다. 때로는 타협도 필요하다.

뒤에 감추어져 있던 뛰어난 일면이 나타나는 일은 흔히 있는 일이다.

사랑을 할수록 아룸다워지는 북갑명

북갑명은 우유 부단하고 과단성이 부족하다. 이런 특징이 연애
와 결혼에서 잘 나타난다. 처음은 믿고 사귀다가 시간의 결과에 따
라 상대의 결점이나 이해 안 되는 부분이 나타난다. 중매결혼에서
후회하는 경우가 바로 이것이다. 또 사랑하고 있으나 이해할 수 없
는 분명한 이유도 없이 중도에서 끝나는 경우로 오랫동안 괴로워
하게 된다.

납득(納得)하자. 체념하려고 하는 곁에서 분석이 시작된다. 「사귀
지 않았더라면……」「소개받지 않았어야 할 것인데」「그때 그가
이런 말을 했다」 등등 일거 일동을 참으로 세세하게 후회하게 된
다. 그럴 때는 서툴게 얼버무리기 보다는 마음 내키는대로 몇날 며
칠이라도 실컷 고민할 것이다. 보통 사람보다 다소 시간이 걸리지
만 억누르기 보다는 토해버리는 편이 낫다. 불평을 하는 것도 좋을
것이다. 그러나 원망하는 것은 좋지 않다. 북갑명이 원한의 마음을
품으면 반드시 예기치 못한 데에서 배반을 하게 된다.

세상에는 음과 양밖에 없다. 필요한가? 불필요한가? 무엇을 위한
연애며, 무엇을 위한 가정인가? 가장 중요한 것을 알고 있기만 하
면 주저하거나 의혹도 없을 것이다. 행복해지기 위한 결혼이고 행
복해지기 위한 연애이다. 행복을 지키기 위해서는 다소 자기 주장
이 중요하다. 함께 살자면 노력이 필요하다. 그러나 함께 있는 것
이 자기에게나 상대에게 불필요하다면 주저 없이 헤어지는 것도
좋을 것이다.

북갑명은 상대의 의향을 바로 분석하여 자기를 완벽하게 그의
의향에 맞추어 가는 것이 가능한 숙명이다. 기교자라고도 하겠다.
완벽을 지향하는 탓에 사랑은 자기의 수준을 높이는 발판. 사랑을
할 수록 놀랄만큼 아름다워진다. 만일 사랑하는 일로 세련되려면

센스가 있는 연인을 찾을 것. 좋아하는 사람의 영향을 받게 되는 것이다.

 혹 아주 쾌락적으로 몇 사람의 이성을 사귀며 놀아나는 사람도 있다. 쾌락주의랄까? 목적이 사랑에 의한 쾌락일 경우거나 현실 도피의 두 가지 경우로 나누어진다.

地　甲　命　태어나면서부터 두목운, 스태미나와 실행력의 사람

성　격

중심인물의 요소가 강한 숙명이다. 실행력과 자존심, 균형감각과 재치, 그리고 우수한 서비스정신은 다른 숙명육갑이 미치지 못할 만큼 뛰어난 실력파이다.

아무래도 사치스럽고 복장이나 장식품 등에 매우 민감하고 관심이 많다.

천갑명과 나란히 행동력과 활력이 있는 숙명이라하는 지갑명. 천갑명이 행동의 별이라면 지갑명은 스태미나의 별이다.

「일하는 것이 원기의 비결」이라하여 일하는 것이 즐거워서 못견디고 일하는 것에 대해 싫증을 느끼거나 괴로워하는 감각은 느끼지 못한다.

부하에게 맡겨두어도 좋을 사소한 일이라도 자기가 먼저 손을 쓴다. 잠자코 가만히 있을 수가 없다. 접대할 때도 마치 상대의 마음을 훤히 보듯 사소한 것까지 신경을 쓰므로 조용한 시간을 소중하게 여기는 사람에게는 약간 귀찮은 존재일 것이다.

자존심이 강한 탓에 사람들과의 갈등도 피할 수 없다. 그러나 다소 속상한 일을 당해도 별로 성을 내지 않는다.

어른스럽고 상대를 위하는 생각이 강하며 관용형의 두목형이다.

태어나면서부터 사람들을 끌어당기는 인기인이다

지갑명이란 결코 지면(地面)의 일도 땅밑의 뜻도 아닌, 동서남북의 중심이란 뜻이다. 숙명육갑의 성질은 이 장소의 기(氣)에 지배된다. 그런 탓에 지갑명은 모든 장소를 끌어들여 각각의 균형을 정리하고 지주(支柱)가 되는 힘을 갖고 있다. 중심이 없는 세계는 없다.

천부(天賦)의 인력(人力), 집단 속에서 순식간에 모든 것을 마무리짓고, 정력적으로 활동하는 사람이 많다. 인기인·리더격인 존재라 하겠다. 이 힘이 잘 발휘되면 신뢰를 받을 수 있으나, 잘못되면 강욕(強欲)이라 여겨지는 것도 이 인력의 원인이다. 실제로 지갑명이 리더로 되는 것으로 집단이 강하게 되거나 안정되거나 권력을 갖게 되는 경우가 많다. 지갑명은 역시 내용보다 결과, 성능보다 외형, 인품보다 출신교 등 형태나 이름 등의 외형에 관심이 쏠리는 타입이다. 사치도 이 인력의 표현이다.

옷이나 학교·식사·병원 등 선택의 기준도 유명·무명으로 신용의 유무로 가정의 문벌 등이 기준으로 된다. 극단적으로 말하면 요리의 맛보다 그 식당의 유명도로 선택하게 된다.

유명도 지향이 가장 많은 것이 지갑명이다. 무의식적으로 소지품이나 지위를 타인과 비교하기를 잘 한다. 무엇을 하든 인내가 필요하여서는 독립인이라 할 수 없다. 자기 발로 걷고, 보고, 맛보고, 듣고, 만져보며 스스로 경험하지 않으면 지갑명이라는 숙명은 매력을 발휘하지 못하게 되어 있다. 나와 타인은 다르다. 타인이 맛있다고 하여 나에게도 맛있는 것은 아니다. 의문을 가져보지 않으면 안 된다.

욕심을 억제하고 음덕(陰德)을 쌓는 것이 개운(開運)의 길

언제나 사람들의 중심에 있고 싶은 지갑명은 그만큼 신경을 써야 한다. 교제가 깊지 않은 사람에게도 자주 전화나 편지를 하여 문안한다. 생일이나 기념일에도 선물을 잊지 않는다. 집이나 직장에 손님이 오면 정중하게 접대를 하는 등 좋은 장점이 있다. 그러나 호감을 가지고 있는가, 어떤가에 자신이 없으면 그것이 결점으로 변한다. 자신이 없는 지갑명은 언제나 결과에 관심을 갖고 어떻게든 확인하려는 버릇이 있다. 그런 불안이 가끔 표정이나 태도로 나타낸다.

직접 말하기는 자존심이 허락하지 않는지 가능한 눈에 보이지 않게 한다. 「요전에 보낸 선물이 마음에 들었는지? 내가 선택한 것인데」라고 묻기를 서슴치 않는다.

만상학의 처지에서 보면, 이것은 자기 만족에 해당된다. 서비스나 선물이라는 것은 상대의 만족을 기본으로 행하는 것이 정도(正道)이다. 상대의 좋고 싫음을 확인하는 것은 좋으나, 거기에 자기 주장이나 불안이 알려지게 된다면 상대에게 강요하는 결과가 된다. 따라서 본인의 진실한 신뢰를 얻을 수 없게 된다.

지갑명의 신뢰라는 것은 나를 죽이고 상대를 살리는 자세가 가져오는 탓이다. 물론 상대의 좋아하는 점을 모르고 있을 경우도 있을 것이다. 그러나 평소에 잦은 접촉을 하는 사이에 상대가 좋아하는 것을 찾아내도록 관심을 갖는 것이 가장 중요한 일일 것이다.

「나는 주위 사람이 있고서야 존재한다」는 것을 우선 염두에 두어야 할 것이다. 이것이 기본이고 개운의 열쇠이다. 때로는 신용을 잃어버리거나 「어쩐지 싫어하는 것 같다」라고 고민하는 사람도 있다. 냉정하게 들릴지 모르나 집단에서 지지를 받지 못하는 지갑명은 송장이나 다름없다. 지지를 받지 못한다는 것은 욕심이 작용한 것으로 중심이 자기 욕심에 있으면 지지를 받지 못한다.

이익에는 유형 이익, 무형 이익이 있다. 무형 이익은 신용, 신뢰, 그리고 사랑이다. 무형의 이익, 즉 신뢰를 얻으면 행동할 때에 모두가 지지해 준다. 당연히 원활하게 운세도 상승한다.

재운(財運)이 강한 지갑명이라면 번 돈을 독점하지 말고 얼마간 이라도 지역에 공헌한다든가, 주위 사람에게 분배한다든가, 빈곤한 사람들에게 기부하는 등 그렇게 하면 운명적으로는 매우 달라진다. 이럴 경우 자기 이름을 나타내는 것은 삼가해야 하고 되도록이면 타인의 처지에서 타인을 먼저 생각하고, 타인의 기쁨을 나의 기쁨으로 하는 것을 인생의 목표로 하면 반드시 최대의 신뢰와 최대의 인덕을 갖추게 될 것이다.

1년이나 그 정도에서 바로 결과가 나타나는 것이 아니므로 계속하기 바란다. 착실하게 지반(地盤)을 닦은 사람은 신용의 규모도 그만큼 크고 모든 사람들이 신뢰하게 된다. 10년, 20년 계속하면 믿을 수 없을 정도로 좋은 효과가 올 것이다.

지갑명에게는 신뢰는 인력의 증거. 모으면 모을수록 운세는 상승하고 결국은 유형(有形)의 이익도 따라오는 것이다.

강욕(強欲)으로 되는 것은 미움을 받는 원흉(元兇)이다.

사업운

사업상에서 개운의 중요한 포인트는 리더로서 행동하는 것이다. 지갑명은 자기가 중심이 되어 집단을 움직이는 것을 좋아한다. 확실한 행동, 개인개인을 잘 파악한 조종, 그리고 그 집단의 향방을 잘 파악해 둔다. 가령 어떤 작은 2~3인의 단체라도 이 기본을 참고하는 것이 필요하다. 단지 절대로 노출하지 않도록 배려해야 할 것이다. 또 작은 것에라도 「힘」에 의지해서는 안 된다.

화려한 세계에서 리더십을 발휘

집단의 리더라면 뛰어난 재주가 많은 것도 지갑명의 특징이다. 영화감독·지휘자·배우·프로듀서 등 실력 발휘의 적소이다.

조직에서는 스스로 책임을 맡아도 좋을 것이다. 단지 권력에 의지하지 않고 드러나지 않게 일을 하는 것이 신뢰를 얻는 첩경이다. 어느 부서에서도 못하는 것이 없이 모든 일을 능숙하게 처리하지만 특히 거래 능력을 살려서 영업에 능력을 발휘한다. 여성이라면 비서도 좋다.

커다란 신뢰를 얻으면「나는 타인을 위해 기여하고 있는가」를 항상 반성한다. 이런 사람은 설령 권세는 없어도 신뢰할 수 있는 인간성을 가지고 신뢰할 수 있는 일을 하고 있는 사람이다. 그러므로 자연히 인화(人和)가 이루어지고 나중에는 권세에도 연결될 것이다. 사람들에게 기여하는 것이야말로 개운의 절대조건이다.

연애운

부지런하고 시중들기를 좋아하는 탓에 연애에도 그 특징을 유감없이 발휘한다. 마음에 드는 사람이나 호감을 사고 싶은 사람이 있으면 거침없이 시중을 드는 탓에 바로 알려지게 된다. 연인과 날마다 만나거나 전화로도 통해 충분할 것이라 생각되지만 편지나 선물 등으로 연락을 끊이지 않는다. 인력이 기본 정기(精氣)인 탓에 마음만 내키면 섬기기를 아끼지 않는다. 연애에 따르기 마련인 거래도 서툴지 않다. 재주를 부리지 않으면서 상대의 마음을 끌어당긴다.

또 결코 화려하지는 않으면서도 귀여움을 받지 않으면 섭섭하게 여기는 사람도 많다. 그런 사람은 왕자나 공주타입인지도 모른다. 선물도 호화로운 꽃다발이나 화려한 옷 등 자기를 아름답게 드러

나게 하는 선물을 환영한다. 보석을 가장 좋아한다는 것이 지갑명
이라는 지적도 있기는 하다.

연애도 유명상표 지향의 지갑명

지갑명은 사랑의 숙명이라 할 만큼 연애에 민감하다. 청소년 시
기부터 이성(異性)을 의식하고 성장한 사람이 많다. 연애도 상표화
하기 쉽다. 그러나 가장 중요한 것은 많은 연애를 하기 전에 동성
(同姓)이나 이성을 불문하고 여러 타입의 사람과 접해보고 참으로
자기에게 필요한 사람은 어떤 사람인가를 잘 고찰해 보는 것이 좋
을 것이다. 단순하게 생각해서 현재의 상태가 장래에도 계속한다
고는 생각할 수 없다. 현재는 별로 마음에 차지 않아도 장래에는
크게 성공하는 성장성이 있는 이성을 찾는 것이 연인을 찾는 요점
이다. 조건만을 지나치게 신경을 써서 좀처럼 결혼으로 결단을 내
리지 못하거나, 반대로 아직 젊으면서 10대에 결혼할 수도 있다.

연애면에서 곤란한 것은 오해받기 쉽다는 것이다. 선배로서 존
경한 것 뿐인데 서비스나 시중드는 것을 즐긴 것이 이상하게 연애
감정을 가지게 되는‥‥. 적지않은 오해를 낳게 되는 것은 숙명적
이라 해도 과언은 아니다.

 냉정한 이론파. 마무리역에 최적한 말
대운(末代運)의 사람

성   격

릴레이 경기에서 최종주자, 마무리하는 숙명이다. 냉정하고 감정
에 좌우되지 않는 성격에 기본적으로 「나는 나, 타인은 타인」이라
고 생각하고 있어서 사적(私的)인 것에 간섭받기를 싫어하며 간섭
을 하지도 않는다. 그러나 일단 마음을 터놓고 사이좋게 지내면 그
관계는 매우 오랫동안 계속된다. 몇 년을 만나지 않아도 우정에는
변함이 없다. 어릴적 친구가 가장 많은 것도 서갑명일지도 모른다.

합리주의적인 경향이 강한 서갑명은 판단력이 뛰어나고 꼬인 문
제를 해결하는 능력은 숙명육갑 중에서도 가장 뛰어나다. 그런 탓
에 상대의 우수한 점과 결점을 정확하게 비평하므로 때로는 적을
만들기도 한다. 미리 이 점을 느낀 사람은, 우선 타인에 대해 비평
을 하지 않는다. 하고 싶은대로 내버려 둔다.

질서를 귀중하게 여기는 탓에 서갑명의 당신은 이론으로 따지기
를 좋아하는 것으로 유명할 것이다. 평소부터 논리적으로 생각하
는 것이 많은 편이다. 장사 같은 것을 할 때도 「이 상품을 파는데
는 이 부분을 강조해야 한다. 그러니 이렇게 선전한다. 그러기 위
해서는 이런 사람이 필요하다」와 같이 서갑명의 두뇌는 하나의 문
제, 하나의 상황에 대해 필요한 것과 불필요한 것을 정확하게 구분
해내는 능력을 갖고 있다. 허실이 없다. 그 재능은 여럿의 의견을
확실히 마무리할 때야말로 크게 발휘된다. 표면은 매우 유화(柔
和)하여, 주위의 의견을 모두 수용하는 듯이 보이나 문제의 핵심,

요컨데 가장 중요한 부분이 어딘가를 잘 알고 있는 탓에 전원의 의견을 극(極)에 대해 자연인가 모순인가를 깨끗하게 나눈다. 그런 탓에 서갑명의 사람이 톱에 섰을 경우, 우선 전원에게 하고 싶은대로 하게 하고 그 뒤에 필요한 부분만을 받아들인다는 자세로 된다. 인정은 인정, 사리는 사리라는 이런 자세를 인정이 없고 냉정하다고 잘못 생각하는 것은 슬픈 일이다.

냉정과 냉혹(冷酷)은 다른 것이다. 실제는 어려운 사람을 보면 손득(損得)을 생각하지 않고 도와주는 따뜻한 성격이다. 한평생 하나의 꿈을 쫓는 로맨틱한 것이기도 하다. 아이의 정열과 어른의 분별을 아울러 가진 숙명이라 하겠다. 냉정한 성격이라 하였으나 즐거운 것을 좋아하는 면이 있다. 일상의 생활에서도 농담하고 웃기기도 잘한다. 이것은 일이 꽉 막혀버렸을 때에는 매우 귀중하다. 모두가 마음이 흔들리고 있을 때 깨끗하게 일신해 버린다. 마무리역을 할 당신은 어떤 뜻으로는 없어서는 안될 존재다. 이런 힘이 크게 발휘되면 천재적인 능력을 인정받는다.

서갑명은 사물을 마무리하는 숙명을 갖는다

서갑명의 서(西)는 일몰(日沒)의 장소이다. 만상학은 자연계의 섭리를 인간의 세계에 투영(投影)하는 사상이다. 자연계라는 것은 정말로 한 가지의 허실도 없게 되어 있다. 모든 장소에 그 장소에만 있게 되는 고유(固有)의 기(氣)를 찾아내어 그 구실을 생각하는 것으로 인생을 창조하는 것이다.

식물 연쇄(食物連鎖)라는 말이 있다. 식물이나 미생물을 곤충 등이 먹고, 곤충을 새나 작은 동물이 먹고, 그것을 육식동물이 먹고, 동물이 죽으면 그것을 미생물이 분해하는…… 이런 식물 연쇄에 대표되듯이 자연계의 모든 생물은 모두 역할을 가지고 살아가고 있는 것이다. 살아간다는 것은 자기가 가진 역할을 소화하는 것이다.

이 세상에 「서(西)」가 없으면 태양도, 달도, 별도 결코 질 수가 없다. 만상학에서는 진실하게 이런 생각을 한다. 떠오른 태양이 영원히 지지 못 한다면 모순이라고. 자연계도 낮에서 밤으로 교체가 안 된다. 밤이 없으면 잘 수가 없다. 어려워질 것이다. 요컨데 「일몰」은 서(西)라는 장소가 갖는 역할이다. 서갑명은 시작한 것을 끝맺는 역할을 갖는 숙명이다. 말대운(末代運)이라는 것은 이런데서 비롯된 말이다.

말대(末代)라서 자식운에는 다소 난이 따르는 것도 특징이다. 부모운에 문제가 있는 동갑명과 음양의 관계로 된다. 가계적(家系的)으로 보아서 다음 세대부터는 이제까지 계속해 온 성질은 없어진다. 무리해서 계승시켜도 별로 좋은 결과는 얻을 수 없다. 아이들은 남갑명 · 북갑명 · 동갑명으로 될 확률이 꽤 높다. 이것은 가계에서 벗어나는 것이 뻗어날 숙명이다.

서갑명은 사회나 시대가 어떤 의미에서 피조(정점)를 맞이했을 때 폭발적으로 신장하는 별이다. 시회가 과도로 발전하여 더 이상 신장할 수 없을 때, 포화상태로 되었을 때, 필요하게 되는 힘이다. 한 시대를 마무리하는 숙명이라 해도 좋을 것이다. 서갑명이 쑥쑥 신장하여 어느 영역의 제일이 되면 그 때가 그 영역의 정점이다. 얼마 안가서 그 세계는 낮에서 밤으로 바뀌 듯 성질이 바뀌게 되는 것이다.

젊었을 때의 실패가 미래의 성공으로 이어진다

서갑명은 끝에서는 강렬한 힘을 발휘할 숙명이지만 처음에는 약한 것이 특징이다. 또 재미있는 것은 이제까지 남계(男系)였던 가계(家系)에 서갑명이 태어나면 후는 여계(女系)로 변해가는 일도 있다.

당신의 운세를 안정시키고 상승시키기 위해서는 젊었을 때의 경험과 행동이 필수조건이 된다. 실패는 성공의 어머니란 말은 서갑명의 사람을 위해 있는 말 같다. 소극적인 생각의 사람이 많은 것은 안전을 확인하는 것에 대해 신중한 탓이다. 젊었을 때 모험을 하지 못하는 서갑명은 매력도 없고 사람도 따르지 않는다. 젊었을 때 많은 경험을 쌓아야 한다. 얼마든지 실패해 보라. 많은 경험을 쌓지 않으면 자기 한계가 어디까지 인지 알지 못한다. 마무리역인 당신이 경험이 적으면 어려운 문제를 마무리할 수 없을 것이다.

무거운 책임이 지워지면 모험도 못한다. 책임이나 신용을 얻은 뒤의 모험은 바로 불신을 받게 되는 것이 서갑명의 숙명인 탓이다. 젊었을 때 실패를 거듭한 일도 없고 모험도 못하고 나이가 든 서갑명은 천중살(天中殺)이 필요하게 된다. 이런 시기에 정신적으로 공부하는 것이 개운(開運)의 계기가 된다. 이미 가정적·사회적으로도 어느 정도의 책임이 있는 탓에 현실적인 모험을 해서는 안 된다.

우선 해야 할 것은 독서이다. 고전을 중심으로 가능하면 사상적인 것을 선택할 것이다. 노장(老莊)·공자(孔子)·불전(佛典) 등의 위대한 사상가가 지은 책이 가장 적당하다. 또 서예를 시작할 것을 권유한다. 인간적으로 확실한 선생도 찾아볼 것이다. 조상에 대한 공양(供養)도 여기서 튼튼하게 해두지 않으면 안 된다. 또 여행도 해야 할 한 가지의 일이다. 천중살 기간의 경우에 해외(海外)여행에서도 배울 것이 많을 것이다.

사업운

서갑명의 성공의 열쇠는 마무리역에 있다. 직장에서도 자발적으로 마무리하는 방향으로 나갈 것이다. 당신이 없으면 일이 안 될 정도까지 가야 할 것이다. 그러자면 전능한 권위자를 목표하기보다 작은 것부터 시작하는 것이 좋다. 말대운이라서 정상이 되면 차대(次代). 다음 차대에서 큰 폭으로 노선의 변경이나 역전(逆轉)하지 않으면 안 된다.

서갑명은 예술적인 센스에도 뛰어나게 발휘한다. 평소부터 멋쟁이이며 풍류인이다. 유명한 음악가·배우·연출가·작가·디자이너·영화감독·운동선수·탤런트·작곡가·문예비평가·정치가 등이 서갑명에 많다.

직장의 분위기 조성자로서 마무리역이 최적

당신이 만약 사람과의 접대가 서툴다면 적극성이 결여한 경우가 많아서이다. 몸을 움직이는 것으로 이상하게 해결의 실마리를 잡게 되는 것이다. 자신은 서툴다고 여겨도 주위에서는 인정하고 있는 경우도 많이 있는 것이다. 직장에서 동료간에 경솔하게 느껴진다면 진실성이 부족하거나 필요하지 않는 것에 신경을 쓰고 있는 탓이다. 항상 냉정해야 할 것이 특징이라는 것을 자각하고 있는 것이 긴요하다. 부하운(部下運)에 난점(難點)이 있다. 너무 자기의 권력 밑에 억누르려하지 말고 자유롭게 하는 것이 결과적으로도 좋을 것이다.

이론파의 서갑명은 타인의 고민을 들어주는 것은 그리 힘든 일은 아니다. 고민의 근원이 깊지 않는 한, 타인에게 토로(吐露)하면 훨씬 가벼워지고 들어주는 것만으로 고민에 대한 면역기능이 활발해져서 해결되는 일도 많다. 그러나 지나친 간여는 삼가해야 할 것이다.

조직 중에서는 사무·영업·비서·경리·관리직·중역·간부까

지 어느 부서에서도 상응하는 능력을 발휘한다. 마무리역을 해야
할 숙명이라서 직장의 분위기 조정자가 되면 우선 성공이다.

　리더십은 신뢰를 얻기 위해 불가결인 것이다. 다소 실패하더라
도 성의를 가지고 노력해야 할 것이다.

연애운

　실패하는 것이 두렵고, 상처 받고 싶지 않은 것이 소망이라서 숙
명육갑 중에서 가장 신중한 연애를 하게 된다. 만나는 순간부터 바
로 연애로 빠지는 일은 별로 없고 차근차근 한 걸음씩 진행해 간
다. 표면적으로는 대인 관계도 좋고, 누구와도 사이좋게 지내는 편
이지만 타인을 완전히 수용하기에는 적지 않은 시간이 걸린다.

　특히 젊은 사람 중에는 표면만으로 좋은 사람, 싫은 사람이라 단
정하기 쉬우나 인간이란 속이 깊은 것이다.

　한번 실연한 경험이 있는 사람은 특히 적극적으로 나서는 것을
꺼리므로 짝사랑으로 흐르기 쉽다. 그래서 대신 고백해 주기를 바
라거나 편지로 전하거나 사람을 거쳐서 연애가 시작되는 일이 많
다. 그러나 확실하게 사랑으로 발전할 확신이 섰을 때는 다른 사람
인양 적극적으로 나서게 된다.

　분별심을 가지려고 애를 쓰지만 격류(激流)처럼 사랑에 휩쓸리
는 것도 사양치 않는다. 본성이 착실한 만큼 대담, 격렬, 정열적인
사랑을 동경한다. 부모의 반대를 무릅쓰고 동거하거나 가출까지도
서슴치 않으며 불륜(不倫)도 의외로 많다.

연애 경험이 없는 서갑명은 매력이 없다

　서갑명은 첫사랑이 결실하는 경우가 적은 숙명이다. 끝에 강한
기가 있는 당신은 반대로 시작이 약한 탓에 그만큼 첫사랑이 결실

하지 못하면 사랑하는 그 자체에 불안을 느끼기 쉽다. 그러나 처음에 실패한다는 것은 그리 대단한 일은 아니다. 인생의 많은 경험이 필요한 서갑명이라서 연애 경험이 없다는 것은 도리어 곤란하므로 두려워하지 말고 도전하는 것도 좋을 것이다. 단지 천중살(天中殺) 기간은 모험하지 말고 수동적인 것이 좋다. 또 연인끼리의 심한 충돌이나 몇 차례의 실연도 필요하다.

그런 경험이 없는 서갑명은 실제로 갈등이 있을 경우 매우 연약해지고 사소한 일에도 우왕좌왕할 뿐, 이러한 서갑명의 성격이 이혼의 큰 원인이다. 상대의 방종을 일일이 진정으로 여기거나 반대로 진심의 호소를 대수롭지 않게 무시하거나…… 어쩌면 좋을지 몰라서 어떠한 행동도 못 한다면 버림을 받아도 어쩔 수 없을 것이다. 특히 남성들은 명심해야 할 것이다.

말대운의 서갑명은 결론을 타인이 내리는 것을 싫어한다. 최후의 결론은 내가 결정한다. 함께 살거나, 갈라지는 것도 한번 결정한 것을 이러쿵 저러쿵 듣기를 원하지 않는다. 그런 탓에 상의한다면 결심 전에 해야 한다.

가정 안에서는 마무리역으로 유감 없이 활동한다. 시부모와도 갈등 없이 잘 지내게 된다. 만일 갈등이 생기면 평소의 행동을 관찰하고 무엇이 원인인지 분석해야 한다. 상대의 성격도 상성(相性)도 있지만, 서로의 방심(放心)이 통하지 않는 경우가 많다. 사소한 것이라도 제때에 확인하는 것이 좋을 것이다.

상성(相性) 육갑(六甲)으로 개운의 동반자를 찾는다

그 상대는 당신에게 행운을 가져 오는가

―――● 적재 적소(適材適所)만이 상성의 극의(極意) ●―――

상성의 길흉은 일률로는 말 할 수 없다

　적재 적소란 있어야 할 것이 있어야 할 장소(환경)에 있다는 뜻
으로 개운의 비결이기도 하다. 상성을 생각하는 데도 해당된다. 이
것이야말로 자연의 모습이다. 상성이라 한 마디로 말하지만 그 내
용은 천태 만상이다. 상성이 길(吉)이면 역시 반가운 것이다. 보통
상성을 길흉으로 판단하는 일이 많다. 그러나 대개가 가장 중요시
하는 길흉의 기준은 환경 여하로 간단히 역전(逆轉)해 버린다. 대
단히 애매한 것이기도 하다.

　사실은 길흉으로 운명을 점치는 방법은 사회가 평화로우며 자유
로운 시대에 생긴 것이다. 평화 시대는 사회가 평화적으로 되는 탓
에 길흉이라는 획일적 기준이 아니면 민중(民衆)은 안심하지 않는
다. 평화적이면 길, 평화를 벗어나면 흉이라 하고 있다. 평화스런
시대에서 생겨진 기준이라서 유행하는 것도 역시 평화스러운 시대
로 된다. 평화 시대에는 기학(氣學)·점성(占星)·사주추명(四柱推
命) 등 길흉을 중심으로 한 일반적인 점술이 유행하며, 자기의 인
생과 사회에 안심하고 있는 것이다.

　그러나 평화와 동란은 거듭하여 찾아온다. 현재와 같이 서서히
기우는 것이 심해지는 시대에는 평균 상식의 테두리가 환경에 의
해 꽤 변화하는 탓에 길흉의 기준도 결정하기 어려워진다. 요컨데
상성이 좋다, 나쁘다라는 것도 적어도「무엇에 의해」또는「어떤
때에」좋은가, 혹은 나쁜가를 생각해야 할 것이다. 만상학에서는
기본적으로 길흉은 없다. 필요·불필요로 분류해 간다.

　가령 발전하는 상성이라 할 경우, 발전이라 들으면 무언가 길,
희망찬 미래가 기다리고 있을 듯하다. 그러나 발전은 어디까지나
발전이란 요소밖에 없다. 결코 길도, 흉도 아니다. 좋은 것도 나쁜
것도 함께 발전시키는 힘인 것이다.

만일 병이나, 갈등, 부부사이의 불화, 빚을 안고 어쩔 수도 없는 시기에「발전시키는 사람」과 함께 있었다고 하면 나쁜 일도 발전해 버린다. 이럴 때는 반대 힘의 사람이야말로 필요한 것이다. 활동할 때는 더 크게 발전시켜주는 사람과 짝을 짓는다. 혹 고민에서 벗어나지 못하는 사람은 꼭 좋은 상성의 사람과 짝을 지을 것이다. 요컨데 활동해야 할 때에 활동시켜 주고 멈추어야 할 때, 멈추어주는 상성이라야 한다.

이것이 소위 적재 적소의 좋은 상성이다.

서로 상대가 보이지 않는 허궁(虛宮)의 상성

별로 일반적으로는 나오지 않는 특수한 상성(허궁)에 대해 설명하겠다. 이것은 서로에 있어서 허, 즉 보이지 않는 위치에 있는 상성이다.

서로가 무엇을 생각하고 있는가를 잘 모른다. 아무리해도 이해 불가능이다.

허궁의 상성은 부부나 연애 등 감정의 연결이 중요시해야 할 상성으로서는 최악이다. 절대라고 생각하고 한 일이 모두 이면(裏面)으로 나오고 만다. 그러나 그것이 매력으로 되는 일도 가끔 있어서 어떻게 하더라도 견디지 않으면 안되는 자극이기도 하다. 더구나 이상하게 인연이 깊다. 이런 상성으로 오지 않게 되기를 조심해야 한다.

그런데 이런 허궁, 정적(情的)으로는 안되고 이해(利害) 관계로만 관여되고 특히 공동사업에는 적합하다는 이상한 상성이다. 허궁에 해당하는 상대는 자기도 모르는 결점을 전혀 무의식으로 자연히 보완해 준다. 이것은 서로가 같다.

그런 탓에 연애나 결혼의 상대로 선택했을 경우, 본문에서 상성이 좋다라고 쓰여 있었다하여도 전혀 잘 되어지지 않는다. 반대로 최악이라고 쓰여 있는데 감정이 엉키지 않는 사업상으로는 아주 순조로울 경우도 있다.

허궁의 상성은 숙명육갑은 아니고, 화수(23P 참조)를 써서 점친다. 자기의 화수(華數)가 나오면 좌표를 써서 상대의 화수와 대조해 보기 바란다.

허궁이 나쁘게 작용하는 관계는 연애·부부·부자(父子)·시부모와의 관계 등이다.

좋게 작용하는 관계로서는 공동사업의 상대, 교사와 학생, 감독과 선수, 거래선 등 어느 경우도 감정이 얽히면 마이너스이다. 감정이 얽히지 않는 바른 관계라면 플러스라 기억해 두면 좋을 것이다.

허궁(虛宮)의 상성(相性)

당신의 華數	1 2	3 4	5 6	7 8	9 10	11 12	13 14	15 16	17 18	19 20
상대의 華數	59 60	47 48	35 36	23 24	11 12	9 10	57 58	45 46	33 34	21 22
당신의 華數	21 22	23 24	25 26	27 28	29 30	31 32	33 34	35 36	37 38	39 40
상대의 華數	19 20	7 8	55 56	43 44	31 32	29 30	17 18	5 6	53 54	41 42
당신의 華數	41 42	43 44	45 46	47 48	49 50	51 52	53 54	55 56	57 58	59 60
상대의 華數	39 40	27 28	15 16	3 4	51 52	49 50	37 38	25 26	13 14	1 2

동갑명 대 동갑명

만나는 순간 왜 그런지 모든 것을 다 알아버리는 것 같은 상성이다. 같은 숙명육갑이라는 것은 어느 정도 다른 별의 배치가 틀려 있더라도 알게 되는 것을 지니고 있다. 그러나 동갑명끼리는 젊을 때는 잘 어울리지 않는 것 같다.

경험을 쌓지 않으면 안되는 젊을 때는 안보다 바깥으로 정신이 쏠리는 것이 동갑명의 특징이다. 동질(同質)보다 이질(異質), 구지(舊知)보다 미지(未知)이다. 자기와 동질과 접촉하는 것에 자극을 느끼지 못한다. 항상 뒤를 바라보는 성격도 곁들여서 왜 그런지 상대에게 지기 싫어하는 감정이 솟아난다.

그러나 어느 정도 나이가 들어 현실이 보여지고 자극보다 평안이 소망되는 때가 오면 이 상성은 빛을 낸다. 특히 사업이나 일에 피곤하게 되면, 이상하게 서로 끌어들이게 된다.

연애의 경우도 어른다운 분별력이 있을 때부터 급격히 친근하게 되는 경우가 많다. 조용한 관계로 되는 상성이다. 정신적인 것을 소중하게 여기게 된다. 오래 걸리는 이 짜여짐은 남녀라면 10수년의 우인(友人)관계 후, 어느 쪽인지도 모르게 결혼하자는 고백을 하게 된다. 오래가며, 변화가 적다는 특징이 폐해(弊害)가 되는 일도 있다. 특히 바람기 있는 상대나 나쁜 친구는 선택해서는 안 된다. 벗어나려면 많은 시간을 소비한다.

또 의사를 선택할 때도 오랜 시일이 필요한 병이나 병에 걸리기 전의 건강 관리를 위임하는 경우는 적합하지만 병을 단기간에 치료해야 할 경우는 피하는 것이 좋다. 소송에서 변호사를 선택할 때도 비슷하다. 평소의 법률상담 정도는 좋으나, 실제로 소송문제가

야기되었을 때 동갑명의 변호사를 선택하면 부질없이 오래 끌고 나가는 결과가 된다.

부부가 되었을 경우, 가정의 스타일은 독특하게 된다. 초대운(初代運)끼리 함께 살게 되는 탓에 부모로부터의 도움을 받는 것은 큰 모순이다. 도움을 받으면, 사업운도 신장되지 않고 신용도 얻지 못하게 될 것이다. 가능하면 부모와 동거하지 않는 것이 현명하다. 부모와는 별거하여 반대로 이쪽에서 경제적으로 도움을 줄 수 있다면 최상이다.

사업상에도 기(氣)가 맞는 탓에 일이 매우 원활하게 진행된다. 그러나 동질(同質)의 힘은 변화를 가져오지 않는다. 숙명은 시작시키는 힘일지라도 변화, 발전의 상성은 아닌 탓이다. 요컨데 발전할 때도 쇠퇴할 때도 느린 속도지만 다른 숙명육갑, 가령 남갑명 등이 들어오자마자 급격히 변화가 시작되는 일이 혼히 있다. 거절하지 못하는 성격은 상사나 거래에 있어 편리하게 이용당하는 일도 많을 것이다.

동갑명 대 천갑명

　당신의 개운기나 발전기에는 이상하게 곁에 있는 것이 천갑명이다. 만일 당신이 순조롭게 나가고 있다면 주위를 살펴보기 바란다. 과거를 돌아보아도 현재 진행형이나 상사·부하·거래선 등의 요소가 되는 곳에는 반드시 천갑명이 있을 것이다.

　행동력이 강한 힘의 천갑명. 특히 사업상에서 의뢰할 수 있는 상성이다. 탁상 이론에 빠지기 쉬운 당신에게 아이디어에 묻혀 있게 하지 않을 것이다. 만일 천갑명이 당신의 상사나 단골이라면 서슴없이 발표해 보라. 적극적으로 움직여 줄 확률이 높다. 천갑명의 부하라면 주저없이 잇따라 일을 시켜볼 것이다. 다른 요소로 여간 상성이 맞지 않는 경우를 빼고는 당신의 계획을 살리거나 현실적으로 도움이 되어줄 것이다.

　연애면에서는 매우 즐거운 관계로 된다. 어두운 관계로 되는 일은 거의 없다. 그러나 사소한 면에는 신경을 쓰지 않는 경향이 있으니 여러 면으로 소홀함이 없도록 해야 할 것이다. 천갑명의 행동이 정당하지 않다고 생각되면 서로의 후일을 위해 당신이 분명히 타일러야 할 것이다. 그런 확인이 매우 중요한 일이 되는 상성이다.

　부부로는 매우 좋은 상성의 하나이다. 천갑명의 유순함이 당신은 만족할 것이다. 그러나 좋은 상성에게도 금기(禁忌)가 있다. 이 상성은 당신에게 발전을 가져오게 하지만 운세가 기울어지는 기미가 있으면 서로 피하게 된다. 마이너스 방향의 속도가 더욱더 나빠지게 된다. 피곤이 쌓여지게 된 때, 병이나 부상, 분쟁이나 소송이 일어났을 때, 돈이 없어지게 되었을 때 별로 고맙지 않다. 의사·

변호사·세무사 등에는 맞지 않는 상성이라는 것을 기억해야 한다.

왕성한 활력은 피곤하게 느껴질 때가 있을 것이다. 좀 쉬고 싶어도 끌고 가려고 기를 쓸 것이다. 일은 일, 사적(私的)인 것은 사적이라는 편이 잘 상종해가는 요점이다. 별로 사물을 깊게 집념하지 않는 성격이며, 분명히 설득하면 이해가 되는 상성이다.

동갑명 때 남갑명

당신의 운세를 급격히 발전시키는 남갑명. 반드시 휘 돌리게 된다. 이 상성은 단기간은 이상적이다. 어쨌거나 감성이 내키는대로 직선적으로 행동하는 것이 남갑명의 특징이다. 어느 편인가 하면 조용한 분위기를 즐기는 당신은 따라가기 어려워진다. 그런 탓에 단기간에 불쑥 솟아올랐다가 당분간은 쉰다는 생각을 거듭하는 것이 좋다.

실력주의의 남갑명에는 연공 서열(年功序列) 등은 관계없다. 일에 특히 상사나 단골에 남갑명이 있는 경우는 꿈과 같은 승진도 있다. 좋은 기획은 서슴없이 제출할 것. 몇 년이나 독립하지 못하고 마음만 초조할 경우는 우선 찾아야 할 인물일 것이다.

연애의 경우 연속적인 애정표현이 당신의 마음을 움직이게 한다. 때로는 황홀하게 온몸으로 당신을 사랑하는 남갑명은 매우 매력적이다. 단지 불륜이나 바람기의 상대는 절대로 선택해서는 안 된다. 망신을 당한다.

일이나, 연애, 부부간으로서 남갑명에 접하는 기본은 사랑과 신뢰이다. 결코 배신하지 않아야 한다. 단지 어쩌지도 못하게 규율을 무시할 때는 사랑의 채찍을 쳐야하며 망서리거나 체념을 하면 불안해져서 순종하지 않는다.

만상학(萬象學)에서는 「숙명역진」이라 부른다. 근본적인 변화에는 과거를 무(無)로 돌릴 필요가 있는 탓이다. 특히 결혼에서는 과거에 쌓아올린 생활── 재산·지위·직업·명예·취미·성격까지도 모두 남갑명과의 접촉으로 좋은 것이나 나쁜 것이 완전히 변해버린다. 새로 태어난다고도 하겠다. 물론 역전이라서 당신이 이름도 없고 재산도 없으면 맨몸으로 밑바닥에서 솟아오를 가능성도 많다. 그러나 나쁘게 되면 어디까지도 모르게 낙하하기도 한다. 칼의 양날과 같은 상성이라서 접촉할 때는 이 점을 명심해야 한다.

곁들여서 만상학에서는 부모를 자기의 과거 그 자체로 한다. 요컨대, 결혼할 때는 부모와의 동거는 하지 말아야 한다. 반드시 어딘가에 틈이 생긴다. 운명이 서로 갈라놓게 된다.

동갑명 대 북갑명

이 짜임은 매우 오랜 시간을 걸쳐서 이해한다는 특징이 있다. 2년이나 3년으로는 아직 짧은 편. 의식하지 않고 접할 수 있을 때까지 10년 이상의 기간이 필요할 때도 적지 않다. 오래 함께 지나서 비로서 좋은 맛을 알게 된다.

연애에도 급격한 발전은 예를 들면 불륜, 바람기, 실연직후 등 제3자의 영향력이 강한 경우를 제외하고는 어지간한 일이 없는 한 없을 것이다. 이상하게도 북갑명부터 행동하는 일이 없다. 결정권은 항상 당신에게 있다. 또 결혼한 뒤에 사실은 서로 상사(相思), 상애(相愛) 했었다는 것을 알게 되었다거나 오랜 동안 자기의 심정을 나타내지 않고 지나쳤다는 것을 알게 된다.

부부의 경우도 오래 함께 지난 후에 진정한 사랑이 찾아오게 된다. 방탕이나 배신행위는 안 된다. 참을성이 강한 북갑명은 표면에는 전혀 나타내지 않지만 섬세한 탓에 깊은 상처를 받는다. 작은 확집(確執)도 내버려두면 서로 신경이 상하게 된다. 초대운(初代運)의 당신과 가계(家系)를 벗어나는 숙명인 북갑명이라서 부모의 도움을 받으면 행운의 수준은 아주 저하한다. 별거나 독립이 필요 조건이다. 이 상성이 진정한 이해를 얻기 위해서는 정면 충돌이나, 아주 오랜 시간이나 어느 쪽인가 필요하다.

자식관계도 서로 대화할 나이가 되면 반드시 반발하게 된다. 원만하게 대화하기 어렵다.

독립하여 오랜 시간이 지나 겨우 부모의 고생, 고마움을 깨닫게 되는 경우가 많다. 북갑명은 빠른 독립이 바람직하다. 북갑명은 당신의 라이벌이라는 존재이다. 목표를 세워, 시간이 걸리면 완벽하게 사물을 처리할 능력이 있는 북갑명은 특히 사업상에는 두려운 인물이다. 북갑명은 복잡한 정신구조를 하고 있는 탓에 항상 미혹에 빠져 있기가 쉽다. 동갑명의 깨끗한 체념과 단순성은 복사(復寫)가 안 된다.「세상에는 양(陽)과 음(陰)밖에 없다」「나는 나, 타인은 타인」이라는 것만 알게 되면 두려워할 것은 없다. 또 지기 싫어하는 북갑명은 동갑명의 일을 좀처럼 인정하지 못하고 동갑명도 지기 싫어하는 것은 같다. 이런 만남은 시모와 며느리, 상사와 부하는 잠복(潛伏)해 있는 분쟁에 빠지기 쉽다. 그러나 그런 긴장감이 동갑명의 인정에 약한 자질을 날려버리는 구실을 할 수도 있다.

동갑명 대 지갑명

동갑명에 정신적인 생장을 주는 것이 지갑명. 눈에 보이지 않는 정기(精氣)를 가진 상성이다. 이 세상에는 눈에 보이는 것과 보이지 않는 것이 있듯이 상성육갑에도 금전이나 권력 등 눈에 보이는 현실적인 작용을 하는 것과 그렇지 않는 것이 있다. 당신에게 지갑명은 정신세계에서 발전하는데 없어서는 안 될 존재이다. 예를 들면 학생시절에 지갑명의 선생을 만나면 고마운 일이다. 학생에 한하지 않고 교육계·예능계의 스승, 종교나 사상상의 스승 등 무엇인가 가르쳐주는 존재가 꼭 있어야만 하는 상성이다. 부모가 지갑명이라면 당신은 충실한 사상을 갖게 된다. 아이일 때는 키워가면서 여러 가지를 배우게 된다. 그러나 배운다는 것과 좋고 싫음은 아주 다른 것이다. 나쁜 것을 보고 도리어 배우는 경우도 있다.

연애에서는 당신의 취미에 영향을 준다. 동갑명에게 자존심이 따르게 된다. 대체로 화려하게 해 준다. 이 관계에는 상대에게도 적지 않은 변화가 생긴다. 일이나 취미, 인맥(人脈) 등 지갑명의 생활이 아주 변하는 일도 적지 않다.

부부로는 정신적으로도 충실할 좋은 상성의 하나이다. 잘 이해하는 지갑명이라서 처이거나 남편이거나 잘 보살펴주는 상냥한 사람이다. 사랑의 형태가 공개되기 쉬운 상성이라서 어느 편도 외부에 방탕의 상대가 있을 수 있다.

이 상성은 정신적이지만 발전·변화의 상성이라서 불운일 때는 불필요하다.

지갑명의 의사를 만나는 동안에는 병은 고쳐지지만 부질없는 것이 따라오는 일이 있다. 그 의사는 나쁘지 않으나 이상하게도 정신적인 불안한 환경으로 빠지기 쉽다. 감기로 진찰을 받았는데, 관계도 없는 불안감으로·위장을 해치는 일도 있었다.

사업상으로 지갑명과 함께 있으면 우수한 기획이나 착상이 잇따라 느껴질 것이다. 그러나 그 기획을 실천하려면 좀처럼 실현되지 않는다. 실현했더라도 꽤 수준이 저하 되는 경우가 있다. 그렇다고 잇따라 떠오르는 기획을 버려서는 안 된다. 도리어 지갑명을 주역으로하고 당신이 보좌역을 하는 형태로 할 것이다. 이렇게하면 현실로 작동한다. 어디까지 당신이 주역이 되고 싶으면 기획은 지갑명, 실행은 다른 상성육갑이라는 형태를 취하는 것도 좋을 것이다. 그러나 시기심이 많고 소비되는 것을 싫어하는 지갑명이라는 것을 잊어서는 안 된다.

동갑명 미 서갑명

　정반대의 숙명육갑은 서로의 기(氣)를 취소(取消)해 버린다. 동
갑명인 당신이 가지고 있는 모든 정기를 억제하며 작용하는 서갑
명. 나쁜 것을 취소해 주는 것이 이 상성이다. 운세가 나쁠 때, 기
운이 없을 때, 갈등이 있을 때는 의지가 된다. 서갑명에게 상의하
면 전혀 관계가 없는 곳에서 극적인 해결법이 나올 때가 자주 있
다. 그 원인은 서갑명과 당신이 접촉한 것에 있다.

　서갑명의 정기는 당신의 운명적인 연기를 방지해 주기도 한다.
사업의 규모가 크고, 당신의 관할을 벗어날 것 같을 때 그 부서에
서갑명의 책임자를 파견하면 원만하게 수습해 준다. 또 너무 바빠
서 쓰러지려 한다든가, 상품이 너무 잘 팔려서 생산이 뒤따르지 못
하거나 하여 해결이 잘 안 될 때도 잘 풀어지게 해 준다. 이 상성
이 부자간·형제간·가족에 생겼을 경우, 서로의 성격이 솔직하게
나타나지 않게 된다. 만일 잘 되어 나간다면 어느 쪽에도 운명상의
결함이 있다는 것이다. 서로가 불만이 생기면 독립을 하거나 독립
을 시키거나 해야 할 것이다. 단지 서로가 천중살 기간은 피해야
한다.

　연애나 부부의 경우, 이상적인 것은 어느 정도 나이를 먹어서 서
로가 성공자이며「이제 더 이상 발전은 필요없다. 느긋하게 살고
싶다」라고 마음 속으로 원할 때일 것이다. 젊은 한 쌍의 경우는 서
로가 불운일 때에 만나서 급격히 접근하는 일이 많을 것이다. 그로
인해서 불운의 뜻이 지워지는 탓이다. 그러나 진정으로 발전이 필
요하게 될 때는 방해가 되어 서로 불만이 쌓이게 된다. 무언가 석
연치 않은 것이 남게 된다.

이 상성이 특히 고마운 것은 의료(醫療)이다. 병을 낫게 해 주는 탓이다. 의사로서, 또는 당신이 의사라면 환자로서 최고이다. 소송이나 재판 때에는 서갑명의 변호사에게 의뢰해야 할 것이다.

당신에게 절대로 필요한 것은 독립이다. 새로운 출발을 위해서는 과거로부터의 탈피가 불가결이다. 그것을 시켜주는 것이 서갑명이다. 독립할 때가 되었으나 실제로는 좀처럼 움직일 수 없을 때 마음은 초조하고 그럴 때 서갑명을 만나면 얼마 안가서 반드시 형편이 좋아질 것이다.

역으로 말하면 서갑명과 만나서 급속히 사이가 깊어지면 운명의 흐름은 변한다고 생각할 수 있다. 동갑명의 운세의 고비에 나타나면 바람직한 인물이다.

천갑명 ¤ 동갑명

완만하고 자극은 별로 없으나, 매우 중대한 뜻을 갖는 상성이다. 조정과 제동이 불가결한 천갑명에게는 동갑명은 그 양편을 겸비한 인물이다. 기운이 없을 때는 독려해 주고, 탈선하게 될 때는 서서히 제동을 걸어주는 없어서는 안 될 존재라하겠다. 지식인이 많고, 정확한 사고력을 가진 동갑명은 특히, 사업상에서 당신의 슬기로운 주머니가 되어 준다. 의문이 있으면 우선 상의를 하고 지시를 받으면 꽤 좋은 해답을 얻게 된다. 상사나 부하 혹은 동료로도 매우 고마운 존재다. 동갑명의 계획, 천갑명의 실행이라는 도식(圖式)이 확립하면 그 부서는 강해진다. 신용할 수 있는 동갑명이라면 꼭 할 만하다. 단지 때로는 얕은 지식이 앞서거나, 아는 체하는 타입의 사람이 있으니 주의가 필요하다.

연애에서는 정신적으로 풍부하게 해 준다. 왜 그런지 동갑명에게 끌리게 된다. 어느 편인가하면 당신이 리드하는 형식이 된다. 놀고 있는 듯 하지만 인정이 두텁고 착실한 연애관을 가지고 있는 사람이 많은 동명갑은 좋은 연애가 기대될 것이다. 격렬한 사랑으로는 되지 않고 느긋한 연애를 할 것이다. 다만, 너무 젊을 때, 특히 부모 슬하에 있는 동갑명은 신용해서는 안 될 것이다. 독립하여 늠름한 능력이 발휘되면 매우 좋은 상성이 될 것이다.

결혼에서는 천갑명의 당신이 남성인 편이 더 좋은 상성이 된다. 초대운의 동갑명의 영향으로 새 사업도 서슴없이 전환할 수 있어서 개운(開運)에는 가장 가까운 상성일 것 같다. 다만 주도권이 천갑명 편에 있으니, 천갑명이 여성이라면 아무래도 여자의 주장이 강하게 된다.

동갑명은·솔직하며, 정직하고 겉으로 드러내는 언행과 속으로·
가지는 생각이 없다. 그런 탓에 직선적이라서 때로는 격돌하는 경
우도 있다. 그러나 강력한 행동력이 있는 탓에 잘못된 것을 알아도
좀처럼 억제하지 못하는 당신에게 안 된다고 제동을 걸어주는 사
람은 귀중하다. 때로는 거친 생활이나 일하는 모습이 두드러지는
당신에게 하는 일 모두 잔소리를 할 지도 모른다. 그러나 호인인
동갑명이 심술부리는 일은 별로 없을 것이다. 잘못했을 때 엄하게
설득해 주는 것이 자신을 회복시켜주는 일이기도 하다. 동갑명에
게 실망을 주게 된다면 이상하게도 개운(開運)은 멀리 사라진다.
운세를 신장시키기 위해, 신뢰형을 바라고 나가는 당신에게는 특
히 솔직하게 진심으로 수용해야 한다. 이 상성은 의사나 변호사 등
갈등을 도와주는 사람에게도 비교적 화합한다. 세무사·회계사·등
도 좋다.

천갑명 대 천갑명

초면인데도 10분만 함께 있으면 아주 오래 전부터 친우와 같은 회화가 이루어지는 상성이다. 아무 의식도 하지 않고 상접할 수 있는 마음 편한 존재이다. 그러나 그것이 좋은 상성이라는 것은 아니다. 같은 기(氣)는 변화가 없고 발전이 없다. 좋으면 좋은 대로, 나쁘면 나쁜 대로이다. 항상 제3자의 힘이 필요하게 되는 상성이다.

또 상대의 결점을 알게 되면 용서하지 못하게 된다. 한 번 감정적으로 꼬이면 되돌아가지 않는다. 결혼이 확정되고서도 갑자기 파국으로 치닫는 경우도 있다.

활력이 있는 천갑명이라서 일을 할 때는 강력한 실행력을 과시하게 된다. 그러나 두 사람이 협력할 경우는 이상하게 조심하게 되어 모험을 못하게 된다. 그러면서 하고 싶은 말은 서슴없이 하여 천갑명만 모였을 때는 무엇이나 시작이 되지 않고 기회가 왔을 때도 결단을 내지 못하는 전혀 필요없는 상성이다.

천갑명끼리의 연애할 때는 연인인지, 친구인지 구분이 잘 안 되는 사이가 된다. 서로가 잘 알고, 사이도 좋고 서로 필요 없는 신경도 안 쓰며 다정한 사이가 된다. 평화주의자에게는 좋은 상성이다. 그러나 간단히 서로 알게 되는 것도 좀 싱겁고 스릴이 없는 연애이다. 자극을 즐기는 사람에게는 무엇인지 좀 부족하게 느껴지는 상성이다. 발전이 없는 탓에 외부에서의 자극이 없으면 동요가 없다. 때로는 라이벌도 필요하다.

부부간에서는 부모의 간섭이 가장 강해지는 짜임이다. 특히 상대 부모의 운이 중요하다. 서로의 모친이 일일이 간섭하는 일은 많지만, 미리 납득만 하고 있으면 우선은 행복한 가정이 되겠다. 바람기나 거짓은 곧 드러나게 마련이다. 자식이 생겨서야 겨우 부모로부터 독립이 이루어져 그로 인해 운명의 변화가 시작된다. 다만, 한번 틈이 생기면 끝까지 회복되지 못하는 상성이다. 부자나 모녀 간인 경우 부모가 불신형이면 자식들도 그대로 운명을 이어받는다. 신뢰형이 바람직하다. 의사나 변호사·세무사는 가능하면 피하는 것이 좋다. 천갑명끼리나 싸움 친구에도 많은 짜임이다. 양보심이 희박한 터에 입도 나쁜 것이 곁들여 만나면 다투는 일이 많을 상성이다. 그러나 2~3일이 지나면 서로 용서하는 그런 싸움 친구이기도 하다.

천갑명 대 남갑명

천갑명의 당신에게 활기와 발전을 가져오는 것은 남갑명이다. 남갑명은 순발력과 정력을 갖는 숙명이다. 운명의 활성제라 하겠다. 당신이 주저할 때나 진전을 못할 때는 강력한 강심제가 되어준다.

사업상에도 꼭 함께 일할 인물이다. 발전의 동력이 될 것이다. 동료보다도 거래선이나 상사인 경우가 발전이 현저하다. 연공 서열 등은 문제로 하지 않고 능력 있는 자를 쓰는 것이 남갑명의 수법이다. 그러나 남갑명은 기분파이기도 하다. 형편이 어려워지거나 불안을 느꼈을 때는 근접하지 않는 것이 현명할 것이다.

이 상성은 당신이 불신형이면 싫어하게 되기가 쉽다. 일이 잘 되고, 사람을 거느리고 있는 남갑명일수록 불신과 불안, 모순을 싫어한다. 인상에 대한 자세가 엄격하다.

연애는 충실한 것으로 된다. 좋을 때는 즐거운 시간을 보내게 될 것이다. 어떤 장애도 이 상성 앞에는 무력한 것이다. 그러나 사소한 틈이 생기면 태도가 급변해 버리는 것이 남갑명의 특징이다. 또 주도권이 남갑명에 있어서 당신의 의견이 그대로 수용되는 일은 적을 것이다.

부부에서는 당신에게 전환정신을 가져오게 된다. 자기의 잠재능력을 별로 발휘하지 못하며 세월을 보내고 있는 천갑명에게는 반가운 일이다. 만일 관계가 순조롭지 못하거나 어긋나면 사랑을 회복하려고 무의식적으로 여러 가지 수단을 쓸 것이다. 혹 방탕할지도 모르며 신경증이 될지도 모른다.

불안감을 일으키지 않기 위해서는 당신이 책임감과 진실한 애정

으로 접해야 할 것이다. 일상 대화 중에서 정다움을 확인하는 것을
잊지말아야 한다. 납득하지 못하는데는 틀림 없이 그 이유가 있을
것이다. 남갑명이 불면증이나 히스테리 같은 신경증상을 일으키는
경우는 의외로 한방약이 효과가 있다. 신경안정제나 수면제를 써
서는 안 된다.

자극과 발전을 가져오는 이 상성. 절대로 근접하기 싫은 것은 병
환이나 다툼 등 운세가 기울어지는 기미이다. 남갑명의 의사는 어
떤 명의라도 당신에게는 효능이 없다. 재판 등도 별로 좋은 결과가
나오지 않는다. 세무사도 마찬가지이다.

천갑명 대 북갑명

천갑명의 상성 중에서 단기 집중형이라면 북갑명이다. 급격히 크게 발전한다. 예리한 자극, 단기간에 폭발하는 활력, 마치 단거리 경주자의 질주와 같은 것이라 생각된다. 특징으로서는 접근했다가는 떨어지는 것을 반복하는 상성이다. 어느 시기는 그야말로 매일 부풀어 오르지만, 풀석 아무것도 없는 것처럼 떨어지고, 다시 접근해 오고……. 접근했을 때 크게 운세가 발동한다. 급격한 발전이 있어서 방탕기가 있는 상대나 나쁜 친구는 피해야 한다. 서로가 급속하게 타락할 수도 있다.

큰 변화나 발전은 당신에게만 오는 것은 아니다. 북갑명도 천갑명인 당신에 의해서 강렬한 운명의 변화를 체험한다. 천천히 인생을 걸어가는 북갑명에게는 보조(步調)가 흐트러지는 일도 있어서 의외로 힘겨울 수도 있다. 이런 점을 이해하여 필요이상으로 서둘지 않는 것이 이 상성을 충실하게 하는 비결이다.

작업에서도 북갑명과의 계획에서는 단기간에 잇따라 새 일이 생기고, 그 덕분으로 당신의 지위나 책임도 빠른 속도로 상승한다. 상사나 단골에게는 꼭 소망되는 사람이다.

연애에서는 거의가 당신의 인도에 따를 것이다. 북갑명으로부터는 움직이지 않고 당신의 행동력이 성패를 결정한다. 숙명적인 치밀성의 대표가 북갑명이라면 대범성의 대표가 천갑명이다. 문제는 북갑명의 미묘한 정신의 변화나 기분을 놓쳐버리기 쉬운 일이다. 당신이 앞뒤를 생각지 않고 밀어부친 결과, 연애가 시작되었더라도 북갑명은 운명적인 변동이 지나쳐 결국은 따라오지 못하게 되는 일도 있다. 부부의 경우에는 매우 강한 작용이 나온다. 특히 북갑명에게 강하게 나타나지만 이제까지 자라온 환경과는 전혀 반대의 길로 변화한다. 말하자면 부잣집에서 태어나, 아무 부족함 없이 자란 사람이 결혼을 하고서는 돈을 의식하게 되는 생활로, 반대로 가난 속에서 태어난 사람은 부유해지는······. 과거를 부정하고 미래가 있는 상태이다. 또 불화가 있는 가정에 시집을 가면 얼마안가서 씻은 듯이 화목해지는 따위이다. 당연한 일이지만 곤란할 때에 북갑명에게 의뢰해서는 안 된다. 도리어 확대되는 수가 많다. 한 가지가 해결되면 전혀 다른 데서 더 어려운 문제가 생겨 나온다. 병에 걸렸을 때, 의사나 재판의 변호사 등은 멀리하는 것이 좋다.

천갑명 대 지갑명

만나자마자 서로 운세의 흐름을 막는 상성이다. 서로가 강력한 브레이크 작용을 한다. 동갑명이 천천히 제동하는 것과 달리, 단기간으로 예리한 효과가 기대된다. 한번 움직이기 시작하면 멈추지 못하는 천갑명에게 어떤 뜻에서는 필요 불가결이라해도 좋을 것이다. 흔히 천갑명의 자식을 가진 부모로부터 아이들의 불량화를 상의 받지만, 불량화가 진행 중이라면 지갑명의 친척이나 친구를 그 곁에 있게 하는 것만으로 불량의 리듬은 멈추어질 것이다.

천갑명은 젊을 때「못 살겠다」라고 느낄 만큼 하락을 경험하여도 이상하게 지갑명에게 도움을 청하고 있다. 권력운(權力運)의 지갑명은 당신을 돕는 것에 의해, 운명적으로 당신을 지배하에 두어버린다. 상성의 묘한 힘이 가장 잘 나타나는 관계일 것이다.

그런 탓에 지갑명을 의뢰하는 것은 나로서는 어쩔 수 없는 여간한 일이 아니고서는 피하는 것이 좋을 것이다. 최후의 한 장의 카드로 둘 것. 사업상에는 여러 가지 실패는 물론이며, 자기의 역량을 초과하는 큰 기획을 진행해가지 않으면 안 될 때, 곁에 있으면 좋은 상성이다. 가능하면 책임의 한 부분을 위임할 수 있으면 좋으나 틈을 내어 함께 식사하는 것만으로도 조금은 효과가 있다.

연애에서는 어느 한 사람이 갈등이나, 운세의 급락 등이 있으면 단번에 애정이 좋아진다. 그에 따라서 이제까지의 갈등도 거짓말처럼 사라진다. 부부의 경우도 같다. 특히 적령기를 지나서 다소 초조해지기 시작할 때 만나면 전격적으로 결혼하는 일도 가끔 볼 수 있다. 다만, 너무 젊을 때는 잠시 동안 헤어져 있는 것도 한번 생각해 볼 문제이다. 그러나 막상 헤어지려하면「가지 말아요」하게 된다. 몇 차례나 같은 일이 반복되기도 한다. 그러는 동안에 가정은 안정된다. 그럴 때에는 작업동료 등에게 발전시켜줄 사람을 선택하면 좋을 것이다. 단지 방탕으로는 흐르지 말아야 한다. 허무해지면 스트레스가 쌓일 뿐이다.

이 상성이 빛을 내는 것은 갈등을 제지해 주는 관계이다. 의사·변호사·수리공 등의 인물은 꼭 지명갑을 선택할 것이다. 효과가 두드러진다.

천갑명 ⼞ 서갑명

당신의 운세를 서서히 신장시켜주는 것이 서갑명이다. 천천히 오래 계속되는 관계이다. 남갑명이나 북갑명 같은 자극은 없다. 그러나 확실하게 발전하는 꽤 좋은 상성이라 하겠다. 오래 함께 있으며 정신을 차려보면 자기가 보고 있는 세계가 변해 있다. 정신적으로 매우 충실해 있는 것이다. 그런 탓에 자극이나 속도감을 구하는 젊을 때보다 도리어 어느 정도 나이가 든 뒤가 좋은 관계로 될 것이다. 인생에서 서둘지 않으면 최고이다. 부모 또는 윗사람을 인생의 스승으로 둘 수 있다면 당신은 풍성한 인물로 될 것이다.

천갑명은 꽤 정에 약한 면을 갖는 숙명이지만 서갑명과의 관계에 한해서는 거의 정을 읽어 볼 수 없다. 이 상성은 정을 필요로 하지 않는 일에 가장 적합하다. 착실하게 노력을 쌓아가는 부서에서는 좋은 관계가 된다. 한걸음한걸음 착실하게 당신의 힘이 되어주는 반가운 존재이다. 부하로 있거나 상사로 있거나 같은 현상이지만 당신이 상사라면 천천히 나아가는 서갑명은 부족한 부하로 될 것이다.

연애에서도 정신적으로 되기 쉽다. 파란이 적은 평화스런 상성이다. 단기간으론 별로 아무 일도 일어나지 않는 탓에 도리어 불안을 느낄 정도이다. 현실적으로 일을 진행시키기 보다 서로 정신적으로 높은 수준을 목표로 한다면 더 바랄 것이 없을 것이다. 얼마만큼 오래 상종할 수 있는가에 따라 당신의 충실함이 변해진다. 꽤 시간이 걸려, 물욕이 없어지는 상성이기도 하다. 당신이 다정한 사람이 되고 싶다면 권할만 하다.

부부가 되면 현실적인 면이 발전하기 어렵게 되는 탓에, 결혼하여 좀 지나면 당신이 일종의 불만을 하게 된다. 꽤 시간이 걸려서 현실적으로 지위도 상승하고, 재산도 늘어나지만 특히 **젊을 때의 결혼**에서는 당신이 기다리기 어렵게 된다. 서갑명이 남편일 경우, 출세가 늦는 것이 불안해진다. 그런 탓에 아내인 당신이 취업하게 되는 일도 많다. 그러나 그것은 도리어 마이너스가 되고 정신적인 면을 구하는 것이 자연스런 상성인 탓에, 서둘러서 현실을 손에 넣으려해도 거의가 실패하게 된다.

천갑명은 보통 느긋한 것에는 익숙하지 못한 탓에 이 상성도 느긋하게 지나지 못하고 서두르게 된다. 갈등은 조금씩 생기지만 얼마 안가 없어지고 부부사이는 좋아진다. 또한, 정신안정에는 다시 없는 상성이라서 정신을 진정시켜준다.

남갑명 ㅁ 동갑명

단기간에 깊은 관계로 되는 것이 이 상성이다. 어떤 경우에도 당신에게 반드시 새로운 세계를 보여준다. 개혁·발전·새로운 개척의 상성이다. 만나는 순간 미묘한 의식에서 시작되는 이 상성은 좋아진다거나 싫어진다는 것은 별도이다. 생활에 싫증을 느꼈을 때, 마음은 벌써 미래로 날아가고 있는데, 현실이 움직이지 않을 때, 우선 찾아보기 바란다. 동갑명과 만난다면 얼마안가 일이 시작된다. 사업·연애·결혼 등 모든 것에 걸쳐서 이제는 실패하고 싶지 않다고 생각하여도 좋을 것이다. 당신의 섬세한 감성을 진정으로 수용해 준다.

그렇다고 너무 치근덕거리거나 달라붙어서는 안 된다. 조용한 진행을 귀중히 여기는 동갑명은 당신의 감성의 행동에 따라오지 못하게 되어 피곤해진다. 이상적인 것은 단기간에 불쑥 솟아올랐다가 잠시 동안 휴식하는 형태를 반복하는 것이다.

사업장에서의 동갑명은 당신의 능력을 높이 평가해 주는 경우와 정반대의 양극단의 관계로 된다. 어느 쪽이 응수인가는 별도로, 거의 전자는 깊고 좁은 형이다. 물론 높이 평가해 주는 사람과 함께 하고 싶을 것이다.

상사의 경우는 당신 생각에 의한 행동력에 휘돌려지고 있을 것이다. 그러나 언제나 보살펴주는 사람이라면 부모와 같이 따라도 좋을 것이다. 물론 밀착은 안 좋다. 사업상이 아니고 당신을 발전시켜 주는 손위가 필요할 것이다. 함께 있으면 풍부한 지혜와 정서를 기르게 된다. 부하로 두면 당신의 업적은 훨씬 신장된다. 여러 모로 신경을 써주는 탓에 일도 하기 쉬워질 것이다.

연애에서는 남녀 모두 당신이 이끄는대로 일 것이다. 서서히 연애로 이르는 일은 거의 없다. 또 동갑명에게 결정권이 없는 것도 특징의 하나이니 당신 뜻대로 된다. 주의할 것은 절대로 방탕이나 불륜의 상대로는 하지말 것. 인생을 파괴시키게 될 정도의 상처를 받게 될 염려가 있다. 부부간에서는 불성실은 성실로, 가난은 부유로, 무명은 유명으로와 같이 동갑명의 운명이 좋거나 나쁘거나, 당신과 함께 있는 것으로 역전하게 된다. 그리고 당신도 여러 가지를 경험하고 공부가 된다. 이제까지 무지(無知)였던 부분이 사라지고 새 지식을 얻게 된다.

초대운의 동갑명과 벗어나도록 숙명지워진 당신이 부부가 되는 탓에, 부모와의 관계는 거의 원만하지 못하다. 그것이 자연스러운 것이니, 무리하게 신경을 쓰기보다 도리어 떨어져 있는 편이 좋다. 이상은 부모의 생활을 조금이라도 도와드리는 것이다. 또 의사·변호사·세무사·수리공 등 갈등을 방지해 주는 구실은 선택하지 말아야 한다.

남갑명 ㄷ 천갑명

서로의 직책이나 틀을 잘 지키고만 있으면 매우 만족할 상성이다. 매우 대범하며 사소한 일에는 개념하지 않는 천갑명이다. 당신이 벗어나려는 성질도 간단히 수용해 준다. 상사로나 선생 등 손위에 있어주면 무언가 모르게 마음이 편하며 동작하기 쉽다. 또 신뢰형과는 좋고, 불신형과는 나쁘다는 특징이 분명히 나타나는 상성이기도 하다.

이 관계가 좋다는 것은 어디까지나 든든하게 자기의 틀을 지키고 있는 범위 안에서의 일이다. 그런데 곤란한 것은 천갑명, 특히 불신형은 사람에게 관대한 대신, 다소 자기의 직책을 벗어나고도 그대로 지나쳐 버리는 것이 눈에 띈다. 엄격성이 부족하다. 일이나 장사에 종사할 때라도 매우 좋은 관계를 유지할 수 있으나 언제인지 모르게 천갑명의 독특한 흐름을 타버린다. 아직 완성되지도 않은 계획에 예사로 결제를 하는 등 당신의 감각과는 아주 다르다.

특히 직무상에서 가끔 공과 사를 혼동한다. 일에 정이 얽히어 어쩌지도 못하게 된다. 스트레스와의 마찰을 피하기 위해서도 다소 충돌이 있을지라도 확인을 소홀히 하지 않고 공은 공, 사는 사라는 처지를 확실하게 유지하도록 힘써야 한다.

이 상성이 가장 잘 나타나는 것은 이해 관계나 일이 아닌, 우인 관계, 연인관계일 것이다. 매우 좋은 의논 상대이고 완고한 당신에게 여유와 너그러움을 가져다 준다. 함께 지내도 즐거울 것이다. 단지 친하다고해서 공동사업은 좋지 않다. 천갑명이 가져오는 사업상의 이야기는 꽤 매력적이며 성숙하여 착수하게 되면, 처음은 좋으나 얼마안가서 난처해 질 것이다.

결혼도 부부라는 역할만 벗어나지 않으면 좋다. 당신에게 대인 관계도 좋아진다. 부자·모녀 관계에서는 당신에게 의문과 스트레스가 쌓이는 형이고 특히 공동사업의 상대로는 최악으로 이어진다. 그런데 이 상성은 바람기 상대로 되기 쉬운 기운이므로 주의해야 한다. 천갑명은 개방적이고 사람을 잘 따르는 성격이라서 자연히 친해진다. 그런데 함께 즐겁게 지내는 동안에 매료되어 정신을 차려보니……. 더구나 방탕할 수 없는 순수한 사람도 결과적으로는 자기가 먼저 추근거리는 경우가 많으므로 조심해야 한다.

배우자·연인이 있는 사람은, 필요 이상으로 친해지지 않도록 해야 할 것이다. 직장이나 거래선 또는 취미나 연수하는 동료나 스승 등 접촉이 있는 곳에서는 특히 주의가 필요하다.

남갑명 대 남갑명

같은 숙명육갑끼리는 서로 마음이 통하는 탓에, 처음 만나는 순간 상대의 마음을 훤하게 알아차리는 감각을 서로가 가지고 있다.

상성육갑은 발전·정지 등 여러 가지의 작용을 갖는 관계가 있다. 본디 중용이나 중간 상태는 없고, 운세의 상하가 심한 남갑명. 이것이 함께하는 탓에, 큰일이다. 우선 정지상태가 없는 활력이라 하겠다. 요컨데 운세의 상승기에는 폭발적으로 성공하지만 한번 하강하기 시작하면 멈추지 않고 밑바닥까지 이른다.

만상학에서는 숙명을 구성하는 별로, 서로 어느 부분에서 영향이 나오는가를 찾는 기술이 있다. 가령 재운(財運)에 변화가 집중되는 상성이라면 만나는 것부터가 거부가 되든가, 동전조차 없어지는 적빈(赤貧)이 되든가, 천당이나 지옥의 어느 쪽이 되어 버린다. 그런 탓에 만나는 시기, 친해지는 시기가 매우 중요하다.

연애에서도 상대의 생각을 곧바로 알게 되니까 어쩔 수 없이 격렬하게 된다. 남갑명의 이성이 만났다고 해서 즉시 사랑이 시작되는 것은 아니다. 감성이 닿지 않는 상대에게는 돌아보지도 않는 성격이 증폭(增幅)되는 탓에, 만나는 시점(時點)으로 금후가 결정된다. 사랑이 시작될 경우는 일촉즉발(一觸卽發) 바로 연소해버리는 사랑이다.

이것이 함께 일을 하게 되면 끝맺음의 형태도 또 달라진다. 좋아질 경우와 나빠질 경우는 하늘과 땅의 차이는 변함이 없다. 특징적인 것은 계획의 실현성이다. 서로가 잘 알고, 한곳에 기를 집중하는 상성이라서 아주 원활하게 생각이 진행된다. 그런데 뛰어난 기획이 잘 나오지만 실제로는 아무것도 진행되지 않는 일도 많다. 이런 현상은 다른 상성에서는 잘 나타나지 않는다.

부자나 형제 등 가족관계에서는 남갑명 두 사람의 힘이 가족 전체를 뒤흔들게 된다. 아이들이 태어나서 5년이 되기 전에 극에 다닫는 현상이 시작된다. 재산가가 급변하여 파산한다든가, 가난에 시달리던 가족이 생각지도 못한 일로 거부가 되는 일도 있다. 가족 중에서도 퉁겨나가는 사람도 나온다. 그리고 융성과 쇠퇴를 반복하면서 가족이 각각 독립할 때까지 계속한다.

부부의 경우 아이가 없거나 혹은 적으면 파란이 계속된다. 그러나 이상하게도 아이가 많아지면 아주 풍유하고 안정된 가정이 되는 경우가 많다. 당연한 일이지만 부모와는 충돌한다. 어려울 때 의논할 상대로는 별로 적당치 못하다.

남갑명 ⇔ 북갑명

정반대의 상성육갑은 서로의 기의 흐름을 조정함과 동시에 서로의 사각(死角)을 보완(補完)하는 구실을 한다. 따라서 운세가 나쁠 때 꼭 만났으면 싶은 것이 북갑명이다. 고민이 있을 때 꼭 필요한 인물이다. 당신의 마음의 여유를 되찾게 하는 인도를 한다.

만상학에서는 동성의 line은 현실, 남북의 line은 정신의 기를 지배한다고 한다. 어떤 현실적인 두 사람이라도 이 상성은 정신적인 작용밖에 하지 않는다. 요컨데 당신이 돈에 어려움을 느낄 때 북갑명은 직접적으로 돕지는 못하고, 정신적으로 도움이 되거나 인도할 뿐이다. 여유가 없이 극단으로 시야(視野)가 좁아진 당신에게 이것은 꽤 효과가 있다. 여유만 되찾으면 본디 능력이 있는 당신은 어떻게라도 극복해 나간다.

이 상성은 의사나 변호사와 같이 어려움을 해결해주는 관계에는 특히 고마운 일이다. 그러나 서로의 기운을 조정하는 사이라서 운세의 상승기에는 방해가 된다. 좋을 때는 단번에 운세를 상승시키는 남갑명인만큼 북갑명이 곁에 있으면 불안해진다. 그러나 나쁠 때는 도움이 되는 탓에 멀리해서는 안 된다.

이 두 사람이 부부나 연인 사이의 경우는 반드시 어느 쪽인가 운세가 나쁠 때 만나게 된다. 만나서 얼마안가 나쁜 부분이 사라지고 안정이 찾아온다. 그러나 너무 함께 있으면 운세가 신장되지 못한다. 운세가 신장 안되는 대신 나쁜 너울(파도)도 머물게 된다. 여간 싫증을 느껴지는 경우를 제외하고는 갈라질 정도로는 되지 않는다. 평화스러운 한쌍이 될 것이다. 그리고 남과 북의 line의 정신세계에서 풍성한 것을 찾아지게 된다.

사업상에서는 물론 실패를 막아준다. 사업을 지나치게 확장하여 어쩌지도 못하게 되었을 때나, 지나치게 **바쁠 때**는 꼭 있어 주었으면 싶은 사람이다. 상사·부하·동료 등 상관이 없다. 또 당연히 순조로울 때는 멀리해야 할 상성이다. 단지 당신이 조직의 요직에 있을 경우에는 북갑명은 참모역으로 한 사람 두는 것으로 집단이 어떤 면으로 안정이 된다.

참고로 이 관계는 오랫동안 함께 있는 동안 서로의 특징이 감추어져 조용하게 되는 상성이다. 특히 가정의 가족에 있을 경우, 점술도 전연 맞지 않게 되는 일 조차 있다.

남갑명 띠 지갑명

당신에게 발전과 전진력을 가져오는 상성이다. 운세의 상승기에는 도움이 되어 줄 것이다. 기운이 나고, 좋은 생각도 떠오르고 당신의 기운을 활성화시킨다. 서비스 정신이 왕성한 지갑명인 탓에 한곳에 집중하여 방향을 잃기 쉬운 당신에게 행동하기 좋도록 여러 가지로 도움이 된다.

특히 사업운을 신장시켜 주는 탓에 상사나 거래선에도 또 부하나 동료에게도 지갑명이 있는 것은, 남갑명에게는 사업운이 좋은 것이 된다. 꽤 큰 충돌이 있기는 하지만 크게 개념할 필요는 없다. 행동력을 갖는 지갑명은 당신의 감성을 잘 실현시켜 주고 강력한 전진력을 주게 된다. 그 대신 상사로 있을 때는 당신의 뜻 대로는 통용하기 어려워진다.

중심인물의 기를 갖는 지갑명은, 본능적으로 당신의 힘을 자신의 범주 안으로 흡수하려한다. 그러면 남의 구속을 원치 않는 당신의 힘과 충돌하게 된다. 그러나 결코 나쁜 뜻으로는 아니다. 충돌은 하면서 싫어지지 않는 상대도 있다.

때로는 서로 밀치고 당기는 싸움을 했을지라도 조금 지나면 걱정을 하게 되는 상성이다. 좋은 라이벌이라 하겠다.

부부·연애도 좋은 상성의 하나이다. 당신이 여성이라면 가정에도 원만히 융합되고 이상적이다. 여러 가지의 새로운 체험과 새로운 발전을 하게 된다. 남녀를 불문하고 당신의 장점을 마음껏 발휘하며 즐거운 나날일 것이다.

지갑명이란, 좋을 때는 좋은 것을 몇 배로 불어나게 하는 상성이지만, 역으로 운세의 하강기를 만나면 생각지도 못 할 정도로 급강

하하는 것이다. 의사나 변호사 등 갈등을 막아주는 구실로는 피해
야 할 상성이다. 병을 치료하면서 회복되었다고 어림 짐작으로 더
욱 악화시키는 상성이다. 다만, 나쁠 때도 아주 궁극에 달했을 때
는 도리어 도움이 되어준다. 가령, 이제는 배우자의 얼굴도 보기
싫어져 이혼이나 다름 없을 때, 정지시키는 북갑명이나 안정시키
는 서갑명보다 전진력이 있는 지갑명. 개혁성의 동갑명편이 반가
운 것이다. 단지 하강으로 향하고 있는 상태인가, 궁극에 달한 상
태인가를 판별하기에는 상당히 숙련된 눈이 필요하니 속단을 조심
해야 한다.

남갑명 띠 서갑명

당신의 운명의 준비를 완만히 해주는 것이 서갑명이다. 매우 원만한 관계이다. 남갑명에게는 운명의 심한 변동이 있는 것이 특징이다. 그 원인은 기분의 변화이다. 한 순간에 사소한 일로 기분의 흔들림이 심하다.

변화를 억제하는 것은 북갑명이다. 운세의 상승도 억제시킨다. 하지 않아도 되는 실패를 하기 쉬운 당신에게는 귀중한 상성이다. 함께 있으면 기분도 안정된다. 현실적으로 큰 변화도 작게 되고, 빠른 변화는 속도가 느려진다.

요컨데 여유가 생긴다. 지나치게 기운이 좋고, 안정할 수 없는 남갑명이, 서갑명과 함께 잠시만 있어도 거짓말처럼 안정해진다. 다른 사람의 말은 전혀 듣지 않다가도 서갑명의 설득에는 잘 듣는다. 서갑명이 사물을 보는 눈이 정확한 탓이다. 본디 소박하고 순수한 성격을 갖고 있는 남갑명은 바보거나 무맹한 자는 아니다. 상대의 하는 말에 모순이 있으면 이해하지 못할 뿐이다.

서갑명과 정반대의 동갑명은 상황분석의 능력이 확실하다. 특히 서갑명은 사물을 보는 눈도 확실하고 분석력, 표현력은 모순이 매우 적다. 그런 탓에 이해를 잘 한다. 서갑명이 함께 있는 것으로 어른이 되고 이상하게도 분별력이 좋아진다. 연애관도 현실적이다. 그런 탓에 격렬한 사랑으로 상처받기 쉽다. 그러나 서갑명과 교제하면 두 사람의 미래를 위해 지금 무엇을 해야 하는가라고 생각하게 된다. 남갑명답지 않게 매우 견실하게 조용한 사랑이 될 것이다.

그러나 좋은 관계이면서 사람에 따라서는 큰 결점이 나타난다.

준비도 완벽하게 갖추어지고, 지금부터 세상에 나가려는 사람에게
는 욕구 불만으로 되어 버린다. 활성화한 큰 힘을 자기 속에서 너
울치고 있는 듯한 사람은 안정시키는 힘을 필요로 하지 않는다. 특
히 예술가나 예능인, 또 젊을 동안에는 큰 스트레스로 되어버린다.
이혼한 부부가 많은 것이 그것을 증명한다.

북갑명 □ 동갑명

당신에게 꼭 필요한 동갑명이다. 유일한 이해자가 된다. 자극과 발전, 당신의 감추어진 부분을 개화·발전시킨다. 표리가 없는 동갑명은 언제나 정직하다. 움직이지 않으려해도 북갑명인 당신은 반응하지 않을 수 없다.

처음에는 서로 인정하지 않는다. 독특한 염려가 있다. 항상 마음속으로 긴장하는 이상한 관계가 된다. 이 상성은 오랜 시간을 거치거나 마음껏 충돌하지 않으면 원활한 관계로 되지 못한다. 그러나 어느 때 갑자기「이 사람 훌륭하다. 순종하자」라고 인정하게 된다. 그런 매력이 있는 상성이다. 동갑명의 평가를 행동의 기준으로 삼고 있는 사람이 많은 것도 당연할 것이다.

일에서는 일종의 경쟁상대가 된다. 동갑명에 의해서 재능이 개화하는 형태이고 반가운 상성이다. 염려하지 말고 적극적으로 계획을 실천할 것이다. 처음은 실패하더라도 노력을 거듭할 것. 체념하기는 아깝다. 자신감을 부추기면 쑥쑥 성적이 신장되는 사람이 많다.

전문가끼리의 경쟁상대에도 많은 상성이다. 또 이 상성은 오래 함께 있으면 귀하고 훌륭한 우정이 이루어진다.

연애의 경우도 동갑명이 제시하는 모든 것이 자극이 되고 당신을 변화시킨다. 처음은 기분좋게 시작하지 못한 두 사람이 시간이 지남에따라 서로 이해하고 사소한 대립도 깊은 애정으로 변해간다. 정신적인 성장에도 부족함이 없다.

부부간의 절대 조건은 당신의 이해이다. 상종이 짧고 충돌이 없으면, 싫증이 나고 피곤해진다. 급격히 발전하여 결혼했을 경우는

10년, 20년이 지나서 갑자기 결별할 경우도 있다. 원인은 거의가 방탕이다. 일반적으로 남녀 모두 사랑받기를 바라는 상성이다. 조용한 가정을 이루는 경향으로 된다. 그러나 시어머니와 며느리가 이 상성이면 약간 귀찮다. 동거는 피하는 것이 좋을 것이다.

부자·모녀의 관계는 동갑명이 듬직한 부친이라면 다행이다. 아들이 동갑명인 경우 동성(同性)이라면 특히 대립하게 되나 나이가 든 후에는 좋은 관계로 되는 상성이다. 그런데 시작하는 숙명의 동갑명은 당신에게 반드시 새로운 체험을 시켜준다. 증권을 해보고 싶은데, 점을 쳐보고 싶은데···· 하고 실현에 처음으로 관련하는 편은 대개 동갑명이다. 북갑명의 길을 열어준다.

또 발전, 변화, 감추어진 것을 표출(表出)시키는 상성이라서 갈등을 조정하는 구실에는 적합하지 않다.

북갑명 대 천갑명

북갑명을 급격히 움직이는 상성이다. 숙명육갑 중 최대의 행동력을 자랑하는 천갑명은 당신에게 집중적인 발전을 가져온다. 격동, 운세의 상승기에는 동갑명 등이 문제가 안될 정도로 급격하게 신장시켜 준다. 세상으로 진출하려 한다면 최고의 인물이다. 사업에서도 별로 의식하지 않고 상종하고 있는 중에, 단기간에 크게 승진해 있었다는 일도 자주 있다. 머리가 여간 무거워 행동으로 옮기지 못하는 북갑명에게는 어떤 뜻으로는 귀중한 존재이나 다만 끌려다녀야할 상성이다. 빈틈없기를 바라는 당신에게는 다소 거북한 면도 있다. 또 관계는 단기간에 이루어지기 쉬운 것이 특징이다. 그러나 집중하는 힘이 너무 오래 가까이 지내면 스트레스로 된다. 가끔은 떨어져 있지 않으면 안될 것이다.

연애에서는 만나는 순간 바로 기분이 흔들리게 된다. 여간해서 사랑으로 끌려들지 못하는 당신을 강하게 끌어당기는 형이다. 만일 의사 표시를 한다면 분명한 태도로 비교적 대담한 편이 좋다.

부부로는 다소 대범한 면이 있으며, 안정된 가정을 이룩하려 한다. 배우자는 지나치게 다정한 반면 불안한 면이 있다. 잔소리가 통하지 않는다. 당신의 섬세함을 이해하지 못할 것이다.

이 상성은 북갑명에게 인생을 크게 역전시킨다. 천갑명과 함께 얼마를 지내면 사업, 성격, 재산 등이 이제까지의 방향과는 큰 폭으로 변해버린다. 지금까지 좋았으면 나쁘게, 나빴으면 좋아지는 것이다. 이것은 연애에서도 나타나는 현상이다. 내가 순조롭다고 느끼고 있으면 생각지도 못한 곳에서 무너지는 것이다. 특히 방탕 상대로 해서는 안 된다.

　가족에 있으면 점술이 맞지 않는 성격으로 되는 일도 있다. 그만큼 큰 기(氣)이다. 아이가 천갑명이라면 태어날 순간에 당신의 운세를 움직인다. 성공자로 해줄 확률이 높으나 교육 등으로 휘돌려진다. 본디 행동적인 천갑명이지만 당신의 자식이라면 영향을 받아서 섬세하게 자란다.

　또 활동이 급하게 되는 것은 운세의 하강기미일 때는 절대로 있어서는 안될 상성이다. 예로 부부사이가 좋지 않거나 빚으로 고민할 때에 천갑명의 친구나 변호사에게 상의하는 것은 어리석은 짓이다. 불의의 전개에 순응하지 못하게 된다.

북갑명 대 남갑명

　정반대의 상성육갑은 서로의 힘을 억제하는 작용이 있다. 남북의 이 관계도 예외는 아니다. 당연 운세의 하강기에는 꼭 곁에 있었으면 하는 상성이다. 남갑명은 어떤 형태로든 소박하고 순수성을 가진 숙명이다. 당신이 하락해 있을 때 만나면 안심이 되고, 도움을 받는 감정이 된다. 복잡하게 생각하고 당신에게 필요한 것을 잃어버렸을 때 당신에게 한 순간에 귀중한 것을 생각나게 해준다.

　또 너무 바빠서 쩔쩔 맬 때나 당신의 힘으로는 감당할 수 없는 일을 해내야 할 경우, 남갑명은 그런 형편에서 벗어나게 해준다. 당신이 서툰 경우 부서를 맡겨보는 것도 좋을 것이다. 실력이 완전히 붙지 않을 동안 세상에 나가는 것은 북갑명인 당신에게는 가장 큰 불행이다. 그럴 때 남갑명의 곁에서 수양을 쌓는 것은 좋은 일이다.

　연애에서는 거의 어느 쪽인가의 불운할 때에 만나고 있으나, 급격한 접근으로 불행은 해소된다. 그러나 상승하는 운세도 억제하는 탓에 출세하려해도 발을 잡히고 만다. 출세욕을 품고 있으면 고민에 빠진다. 이 상성으로 결혼하려는 경우, 서로가「이제는 충분하다」는 정도로 성공해 있는 것이 하나의 조건이 될지 모른다. 현실적인 욕심이 강하면 별로 잘 진행되지 않는다.

　부부의 경우 서로 이해가 되면 깊고 훌륭한 사랑을 얻게 되는 드문 상성이다. 정신적인 부분을 소중히하며 매우 오래 계속되는 형태가 된다. 그러나 역으로 이해가 없으면 이보다 더 괴로운 관계도 없을 것이다. 극단이다. 이혼이야기가 늘 나오지만 막상 현실로는 전혀 움직이지 않는다. 아무리 스트레스가 쌓여도 갈라지기는 어렵다. 어느 쪽인가 병에 걸리는 일도 자주 있다. 방탕을 하거나 새로운 종교로 피신할 경우도 있다. 구렁에 빠지기 전에 어떻게든 이해를 해서 정신적인 사랑을 얻던가 변화를 가져올 천갑명이나 동갑명에게 적극적으로 의논해 볼 것이다.

　이 상성이 가장 좋은 효과를 얻게 되는 것은 의사·변호사 등 갈등을 억제해 주는 구실이다. 어려울 때는 의논하기 위해, 우선 찾아보기 바란다.

북갑명 대 북갑명

만났을 때부터 서로 이해하는 상성이다. 같은 숙명육갑은 세밀하게 보면, 다소 다르지만 어느 부분은 같은 범위의 힘을 가지고 있다. 정신적인 면이 강하게 나오는 상성이다. 북갑명의 기운이 겹치는 탓에 친해지면 가늘고 길게 계속된다. 오랜 동안에 조금씩 숭고한 정신면을 얻게 된다. 직장이면 직장에서만, 놀러 가는 장소에서 만나면 그곳에서만 어느 특정한 장소만의 상종이 되는 경향이 강하다. 오랜 상종을 하면서도 모르는 것이 많아 냉정해지기 쉬운 상대에게는 깊이 파고들려 하지 않는다. 사업에도 사생활에 간여하지 않는 관계를 만든다. 본디 타인에게 세세한 간섭을 받으면 일의 능률이 오르지 않는 북갑명에게 사실 가장 편안한 상대일지도 모른다. 공동사업에는 별로 맞지 않는다. 계획은 쉽게 되지만 실현하기는 어렵다.

연애의 경우 표면에는 잘 나타나지 않지만 매우 적극적이 된다. 어느 편인가 진심으로 보살피는 형태는 많으나 서로 깊게 이어지면 불안해지는 일도 있다. 감정은 뜨겁게 타오르면서 익숙하게 표면으로 나타내지 못하는 탓이다.

가지고 있는 센스나 감각이 상대의 취향에 반응해서 극단으로 변화하는 현상도 감추어진 격렬한 정열이 소위이다. 직접적인 행동으로 나타내지 못하고 취향을 분석하여 「이런 정도로 좋아한다」는 정열을 알아주기 바라는 것이다. 그런 탓에 한번 서로의 마음이 통해지면 뜨겁게 타오르는 사랑으로 이어진다. 또 깨끗하게 되어지지 못하는 상성이라서 상처를 입게 되는 경우도 있다. 감추어져서 타오르는 불륜도 많아진다. 북갑명끼리의 상종이 시작하여 비약적으로 발전한 사람이 주위에는 많다.

　이 상성이 부부가 되려고 생각하면 결혼에 이르기까지 많은 시련이 따르는 것을 각오해야 한다. 센스나 인생관이라는 것은 급하게 변하지만 현실면이 진전하는 데는 오랜 시간이 소요된다. 그러는 사이에 형편이 변하거나 부모의 반대, 경쟁상대의 출현 등, 환경이 변하고 무거운 짐이 되어 버린다. 형편이 완전해지지 않으면 실행을 안 한다라는 성질이 지장을 가져온다. 이런 상성인 탓에 이해가 되면 편하지만 변화가 적은 탓에 한번 고민에 빠져버리면 서로 괴로운 상성이 된다.

　결혼하고 나서는 오랜 시간을 걸쳐서 매우 자연스러운 가정을 이룩해 가고 친구사이 같은 부부가 된다. 그러나 몇 차례는 스트레스에서 생기는 현실 도피가 원인이 되어 크게 다투게 될지도 모른다. 서로가 신뢰를 저버리는 일은 삼가해야 할 것이다.

북갑명 ㅁ 지갑명

처지만 다르면 정신적으로나 현실적으로도 서로 인정하는 훌륭한 상성이다.

북갑명의 폐쇄성이나 고독벽이 지갑명의 힘의 작용을 받아서 부드럽게 되고, 일반으로 융합하게 된다. 요컨데 가까이에 지갑명이 있는 사람은 현실적으로 활동하기 쉽다. 실리(實利)가 좋아진다는 것이다.

처지가 다르다는 뜻은 서로의 목적이 일치하지 않는다는 것이다. 서로가 같은 장소를 목표로 하지 않는 것이다. 가령 학자와 경제인, 배우와 실업인 같은 사내에서도 경리와 영업 등 부서가 다르면 상관없다. 또 교사와 학생, 선수와 감독 등 다른 처지라면 서로 보완하고 수련을 쌓으면 북갑명은 자존심을, 지갑명은 치밀한 계산력을 각각 유지해 갈 수 있다.

남녀라는 처지, 역할이 다른 연애나 결혼 상대에는 당연히 훌륭한 상성이다. 내용의 풍부함이 있을 것이다. 북갑명이 여성이라면 남성의 운세를 떠밀어주는 좋은 상성이다.

이것이 만일 사내의 성적을 다투는 같은 장소에 있게 되면 즉시 평화가 무너진다. 서로 하는 일이 마음에 안들고, 내종에는 분쟁을 계속하게 된다. 또 좋은 친구사이가 같은 이성을 좋아하게 되어 서로 상처를 입히는 관계로 변한다.

지갑명은 북갑명과는 다른 분석력을 가지고 있어 상대의 결점을 본능적으로 찾아내어 그곳을 집중적으로 공격하고 북갑명은 외부로부터 포위하여 도망치지 못하게 하는 지략(智略)이 있다. 이 양자가 다투면 서로 가장 싫어하는 곳을 공격하는 탓에, 단기전이면 지갑명, 장기전에는 북갑명이 승리한다. 정권 싸움이란 같은 목적을 가진 정치인들은 이런 유형의 싸움을 잘 하고 있다.

　사업상으로는 매우 능률적인 관계로 된다. 감정적으로 되지 않는 것이 중요하다. 특징적인 것은 자기와 동성. 당신이 여성이라면 그의 모친, 남성이라면 장인이 지갑명인 경우이다. 자기의 자식을 둘러싸고 끝없는 갈등이 일어난다. 본인끼리의 상성이 좋더라도 결혼하지 못하게 되거나, 고부간의 싸움이 많아진다.

북갑명 대 서갑명

인간의 운명에는 현실적인 면과 정신적인 면이 있다. 이 상성은 정신적인 면에 크게 작용한다. 배우게 되는 면이 크다. 현실적인 면, 특히 이해(利害)가 얽힌 일에는 좀처럼 뜻대로의 결과가 나오지 않는다. 가령 거래 상대, 서갑명의 상대라면 이상하게 이익이 나지 않는다. 그러나 직접 이해가 없으면 좋은 상성이다. 서갑명은 사물을 마무리하는 능력이 뛰어나다. 그래서 서갑명을 소개자라고 해도 좋을 것이다. 인재 알선의 담당자 등 알선에 필요한 장소에 있으면 미더운 상성이다. 사업상에서는 상사보다 부하로 선택할만 하다. 최고의 부하가 되어 빈틈 없이 처리해 준다. 비서들도 다시 없는 좋은 상성이다.

그러나 손님이나 거래에서는 별로 호감을 못주는 상성이다. 정신적으로는 배울 것이 있으나 이익은 올리지 못한다. 이익 추구를 원한다면 서갑명을 내세워서는 안 된다. 별로 현실적인 평가나 출세에는 관계 없는 상성이다. 정신적으로 충실한 탓에 공통의 취미를 갖는 친구로는 최고의 구성이다. 북갑명에 지식이 점점 증가하여 지적인 면으로 풍부해진다. 연애도 정신적인 연애가 될 것이다. 현실적으로는 별로 움직임이 없다. 이유는 어쨌거나 실제로는 거의 만나지 않는 한 쌍이다. 그런 부분은 마음이 편한 면도 있다.

부부로는 담담하고 조용한 가정이 된다. 감정적으로 움직이지 않는 이성적인 결혼이고, 당신이 남편이라면 자연스런 형태이고 아내가 서갑명이면 훌륭한 내조를 한다. 그러나 당신이 여성이라면 당신에게 정신을 뺐겨 일이 잘 진척되지 못한다. 자식복은 적은 편이며, 여아(女兒) 출산이 70%를 차지한다.

부모가 서갑명인 경우, 당신이 여성이라면 교육에 힘써서 좋은 신부 수업을 시킬 것이며, 당신이 남성일 경우, 절대적으로 빨리 독립하도록 힘써야 한다. 이런 부자관계는 모순이지만 헤어지지 않으면 부자 모두 발전하지 못한다.

지갑명 ㄸ 동갑명

발전의 상성, 특히 사상적·정신적인 발전에는 불가결이다. 동갑명은 시작의 운기를 가지고 있어서 당신에게 여러 가지의 새로운 것을 가져다 준다. 심한 변화는 없으나 오랜 시간이 지나는 동안 생활이 크게 변해 있는 것을 알게 될 것이다. 주거를 옮긴다든가, 직업을 바꾼다든가, 별로 의식하지 않고 자연스러운 변화가 생긴다.

사실 그러한 변화의 근거를 마련해 주는 것이 동갑명의 기운이다. 결국 동갑명의 기운의 영향을 받아서 새로운 사상이나 가치관을 알게 되고 그것이 실제 생활을 변화시키는 원동력이 된다. 이것을 간접변혁이라 한다.

인간에게는 표면과 내면이 있다. 표면은 현실이고 내면은 정신이다. 현실적으로 훌륭한 활력을 가진 지갑명은 표면의 가치를 기준으로 하기 쉽다. 가격이나 이름, 제조원 등……. 그러나 동갑명과 깊게 상종하는 사이 사물의 가치 기준이 변한다. 숨어 있는 내면의 중요성을 지시 받게 된다. 당신이 정신적, 정서적인 기준으로 사물을 보게 되었다면 동갑명의 영향을 크게 받고 있는 셈이다.

사업상에서도 동갑명과 함께 계획을 진행시키고 있는 동안 새로운 사업에 대한 해석을 익히게 된다. 결과를 충실히 하려는 것은 당신의 뛰어난 솜씨. 그러나 「왜 일을 하는가」라는 동기와 이익만 내면 좋다는 유치한 점이 있다. 동갑명은 그것을 개척해 준다. 이 일로 어디에 어떤 영향이 미치고, 미래는 어떤 형태로 되는가 등 같은 짜임이라면 깊고 좁은 형인 동갑명을 선택할 것. 일의 철학을 배우게 된다. 업적이 신장하는 데는 다소 시간이 걸리지만 이해해야 할 내용이다. 이런 것도 간접변혁의 표적이다.

연애면에서 당신에게는 매우 신선한 단계이다. 동갑명의 행동과 사상이 새로운 발견의 연속이 된다. 단기간에서는 현실면의 발전이 적지만 장래에 크게 발전하기 위한 기초를 가져다 주는 탓에 인생에는 플러스이다. 또 연인이 소망되면 동갑명에게 접근하는 것이 좋다. 동갑명의 주위에 상성이 좋은 인물이 있을 확률이 높은 것이다.

부부로 처음에는 당신에게 불만이 있게 된다. 동갑명이 주는 것은 정신적인 힘이다. 현실면에 발전이 있기에는 오랜 시간이 소요되므로 그것을 이해해야 한다. 시작은 꼼꼼하지만 함께 있는 동안 아주 풍요로운 가정이 될 것이다.

지갑명 대 천갑명

　정반대의 상성육갑이다. 당신의 힘을 억제하는 상성이다. 억제한다고 나쁜 것만은 아니다. 어려울 때는 꼭 곁에 있었으면 하는 인물이다.

　지갑명은 운세가 하락했을 때 본능적으로 깨닫고 상승시키려고 애를 쓴다. 그러나 잇따라 모순이 생겨 운세는 더욱 하락한다. 다투지 않아도 될 언쟁도 하고, 빚을 지기도 하고, 무리를 해서 건강을 해치기도 한다. 만일 내 힘으로 어쩌지 못할 때 천갑명이 와주면 억제가 되어 평온하게 해 주는 반가운 상성이다. 운세가 기우는 기미가 있으면 활동하지 않는 것이 불운을 피하는 좋은 방법이다.

　사업상에도 어려울 때는 물론 지나치게 발전하여 수습이 어려울 때도 위력을 발휘한다. 특히 행동력이 뛰어난 천갑명이라서 실제로 활동하지 않으면 안 되는 면, 그것이 자기에게 서툰 분야이면 맡기기에 안성맞춤이다. 실제로 지갑명의 사장에 천갑명의 중역이라든지 지갑명의 감독에 천갑명의 코치라는 짜임은 많다.

　연애에서는 어느 쪽인가 불운할 때 만나는 일이 많다. 특히 천갑명은 당신에게 매달리기 쉬운 상성이다. 당신이 어떤 의미로는 지배하는 관계이다. 이상하게 천갑명은 당신에게 거역하지 못하게 된다. 부부로는 당신의 기운을 억제하지는 않으며 어느 정도의 발전은 생기게 된다. 서로의 결점을 잘 보완해가는 비교적 좋은 상성이다.

　그런데 지갑명은 확고하게 동요하지 않는 대지의 기운이다. 천갑명은 마찰이 없는 하늘에 자리한 탓으로 움직이면 멈추지 못하는 기운을 가지고 있다. 다른 측면에서 성격을 보면, 지갑명은 섬세한 기질과 확실한 실행력을 가지고 있고, 천갑명은 대범한 마음과 대담한 행동력을 가지고 있다. 이 양자의 기운이 충돌하여 서로를 억제하고 있으나 당신의 섬세한 성격이 납득을 못하여 뒤에 반드시 불평을 하게 될 것이다.

당신이 천갑명을 쓰게 될 때는 시간·내용·결과에 어딘지 모르게 대범하게 도와줄 각오를 하지 않으면 안 될 것이다.

지갑명 ㅁ 남갑명

　현실적으로나 정신적으로나 커다란 발전을 가져오는 상성이다. 곁에 남갑명이 있으면 적당한 자극도 주고, 당신의 행동과 생각을 원만하게 흐르게 해준다. 더구나 이 관계는 오랫동안 행복스럽게 이어간다.

　좋은 생각이 있으면 믿을만한 남갑명에게 말해 보라. 그 시점부터 기운이 작동하여 어디서인지 기회가 찾아온다. 인정받게 되거나 출세할 계기가 남갑명인 것이 많을 것이다.

　사업에서는 상사나 손위에 남갑명이 있으면 이상하게 당신이 활동하기 쉽도록 환경이 갖추어지는 매우 매력 있는 관계이다.

　연애나 부부에서도 좋은 상성의 활력은 충분히 발휘된다. 다투기도 자주하지만 사이는 좋다. 당신이 남성이면 지위 상승의 계기가 되는 힘을 얻게 되고, 여성이면 행운을 잡는 길이 열린다. 그런데 남갑명은 변덕쟁이처럼 보인다. 생글생글 웃다가 갑자기 무뚝뚝 해지고 입을 다물게 된다. 남갑명은 매우 순수한 숙명으로 그 행동도 마음에서 울어난 것이다. 당신을 좋아하게 되거나, 싫어하게 되거나 타산이 없고 이유가 없다. 당신의 마음을 느껴 그것을 믿을 수 있다고 생각하면 상종할 것이며, 아니라고 생각되면 서슴없이 떠나버린다.

　중요한 것은 신뢰이다. 결코 배신해서는 안 된다. 두 번, 세 번 작은 거짓말이 계속되면 진심으로 배신당했다고 느끼게 된다. 갑자기 새침해지는 정체는 이것이다. 가볍게 다루거나 계산적으로 대하면 처음은 좋지만 그 관계는 반드시 파탄을 가져온다. 단지 서로의 본심이 나누어지는 상성이라서 신뢰하고 있어도 다투는 일은 피할 수 없다. 말리는 사람이 곤란한 처지인 다툼이라서 완전히 갈라지는 일도 있다. 그러나 크게 다툰 뒤에도「내가 잘못했다」고 생각하는 편이 고집을 부리지 않고 사과하면 점점 스케일이 큰 아름다운 관계가 된다. 이만큼 좋은 상성은 소중하게 여겨야 할 것이다.

만일 지갑명의 당신이 100%의 사랑으로 대하는 데도 심한 히스테리를 일으킨다면 전문의에게 의논하기를 권한다. 숙명의 구성요소에도 연유하지만 안신제(安神制)나 소간제(疎肝濟) 등 한방으로 마음의 안정을 가져오는 데 효과가 있을 것이다.

지갑명 대 북갑명

지갑명이 이상하게 의식하는 것이 북갑명이다. 의식의 상성이다. 만상학에서 의식이란 활동, 변화에서 오는 것이라고 하고 있다. 그런 탓에 이 관계는 당신에게 변화와 발전을 가져다 준다. 발전이라서 좋은 일이라 생각하기 쉽지만 목적과 처지의 문제가 좀 복잡하다.

지갑명은 중심인물의 기를 갖는 숙명이고 북갑명은 집단의 톱에 서는 숙명이다. 이 양자가 한 코스를 목표로 한다면 바로 경쟁의식이 그대로 나타나서 치열한 경쟁을 하게 된다. 서로의 승부욕이 화근이 된다. 동기 입사의 라이벌끼리의 관계이다. 처음은 정정당당히 승부를 하지만 서서히 서로 상대의 다리를 붙잡으려는 개와 원숭이 사이가 되는 일이 많다. 그러나 작가와 편집인, 정치가와 학자, 예술가와 경영인, 사장과 비서 등 같은 처지가 아니라면 이 관계는 서로가 발전하는 매우 좋은 관계이다.

한번은 이런 일이 있었다. 격렬하게 경쟁을 한 광고업인데, 어떤 북갑명의 단골 손님에게 따르기로한 것은 그 대리점의 출세욕이 강한 지갑명인 N과장이었다. 그의 뒷받침으로 단골 거래처의 상품은 전에 없이 팔렸다는 것이다. 당연히 N과장의 공로였다. 여기까지는 이 상성의 좋은 면이었다. 그 후가 최악의 형태로 되어버렸다.

사례와 친목을 겸해서 열린 단골상회의 사장댁에서 마작(麻雀)에 참패한 N과장은 왜 그런지 억울하고 억울하여 몇 번인가의 도전으로 결국 승리를 빼앗았다는 것이다. 그러나 그 이후 어쩐지 어색한 분위기로 단골사이도 원만하지 못해갔다. 자기의 눈 앞에서 다른 대리점의 사람들이나 단골 거래처의 종업원들에게 있는 일, 없는 일을 들어서 욕을 하고, 일에도 차츰 집중력도 없어져서 결국 그는 다른 곳으로 옮기는 신세가 되어버렸다. 하찮은 마작(麻雀)으로 인생을 흩트러지게 하였으니 주의해야 할 것이다.

남녀라는 처지, 직책의 차이, 연애와 결혼 이런 관계는 말할 것 없이 좋은 상성이다. 당신에게는 섬세한 지혜가 있다. 북갑명의 힘이 당신을 밀어주고 있으니 남성 편이 더 좋은 관계로 된다. 연인을 둘러싸고 경쟁이 생겨서 최종적으로 우정을 택하든가, 사랑을 택하든가로 발전하기 쉽다. 또 배우자의 부모가 북갑명이면 배우자를 둘러싸고 갈등이 생기기 쉬운 상성이다.

지갑명 대 지갑명

　같은 숙명육갑이라서 안심감을 갖는 관계이다. 만날 때부터 마음이 통하고 배신할 일도 적고 오랫동안 친우로 사귈 관계이다. 동료, 친구, 가족 등 평등한 처지에 매우 적합하다. 같은 기는 발전의 장해도 없으며, 서로의 자존심도 유지해 간다. 실력이 있는 지갑명끼리인 탓에 전진력이 생기는 관계로 된다. 스케일이 큰 숙명이 만나는 것이라서 어떤 처지에 있어도 서로 당당하게 된다.

　사업상이나 동료의 관계에도 가장 순조롭다. 서로 경쟁하며 좋은 성적이 기대된다. 단지 일 이외에서 경쟁하는 것은 조절해야 할 것이다. 지갑명끼리 모여서 공동사업을 하게 된다면 다소 뉘앙스가 달라진다. 환경 순응력이 뛰어난 탓에 사업의 발전이 있어서 처음부터 강력한 성공을 이룩한다. 그러나 본디 발전할 힘을 갖지 못한 상성이라서 발전하는 자체가 모순이다.

　인력부족, 자금부족 등 부족이 잇따르고 종내는 의욕을 상실해 버린다. 또 공격은 잘 하지만 수비는 서툰 상성이라서 최악의 경우 파산할 지경에 이르게 된다. 그런 탓에 지갑명끼리의 공동사업에는 반드시 다른 숙명육갑을 동반해야 한다. 같은 사내, 부서내의 공동기획에도 규모는 작지만 같은 현상이 일어난다.

　연애·결혼에서는 사이가 매우 좋고 취미도 비슷하여 함께 있으면 즐겁다. 그러나 아무래도 만만해져서 가볍게 취급할 경향으로 되기 쉬우므로 다른 이성으로, 눈을 돌리게 된다. 이런 경향은 아이가 생기면 이상하게도 더 강해진다. 몇 년간은 그럭저럭 지내지만 반드시 충돌하게 되고 기복이 심한 관계로 된다. 결정적으로 결별하는 일은 적지만 지나치면 파탄을 맞는다.

지갑명끼리의 부부는 두 가지가 주어지지 않는다. 명예나 지위, 재운(財運)과 자식운이 시소 게임이 된다. 재산은 있으나 자식이 없다든가 있어도 비행으로 쏠리거나, 반대로 성적이 좋은 자식은 있으나 가난을 벗어나지 못하거나, 빈부와 자식운은 반비례한다.

이것은 지갑명이 평생 누릴 수 있는 복덕이 어느 정도 정해져 있는 탓이다. 그것이 겹친 탓에 운세의 작용도 분명해진 탓이다. 자식운과 재산운의 양쪽 모두 나쁜 상태는 지갑명에게는 모순이다.

지갑명 대 서갑명

　현실적인 발전을 만드는 상성이다. 서갑명이 당신의 힘을 비는 형식으로 사물이 활동한다. 서갑명의 계획에 당신이 현실적으로 살을 붙이는, 환언하면 서갑명의 아이디어를 당신이 재력이나 노동력을 제공하는 것으로 실현시킨다. 그 결과도 함께 성공의 즐거움을 맛본다. 당신만으로, 서갑명만으로는 얻지 못하는 성공이다. 다만 서갑명과 지내는 시간은 비교적 짧아진다. 서로의 기운이 한 방향으로 향하고 있는 기간이 짧은 것이다. 단기간에 큰 결과를 내고, 후에 헤어지는 그런 상성이다.

　서갑명은 동갑명과 줄지어 정확한 시점(視點)을 갖는 숙명이다. 그러나 계획력은 있으나 크게 발전시키는 실행력은 없다.

　사업도 당신이 가만히 있으면 서갑명부터 여러 가지 요건을 가지고 온다. 성공의 확률은 높다. 상사로나 거래선으로나 동료·부하로도 서갑명은 당신의 힘이 보태어지면 성공할 듯한 확실한 사업을 가지고 온다. 그러나 연애에서는 메마른 관계로 된다. 쌍방의 가치관이 다른 탓에 정적인 연애로는 되지 않는다. 서갑명은 섬세한 힘이 기본이 되는 숙명이다. 로맨틱하지만 어느 뜻으로는 고독하다. 그런 탓에 당신의 사교적이며 화려한 사람을 끌어당기는 인생과는 융합하기가 힘들고 서로가 이해하기 어렵다. 돈이 떨어지면 인연도 끊어질 확률이 높다.

　부부로도 성격, 시점(視點)이 다른 것에 의한 갈등은 피할 수 없다. 지갑명도 서갑명도 소위 허용 범위가 넓은 숙명이라서 평소 가치관의 다름을 이해하고 참아가기가 어려워진다. 어느 시기가 오면 이제까지 쌓인 마찰이 한꺼번에 분출하여 몇 년에 한 번씩 냉

전상태가 찾아온다. 단 매우 잘 지내는 부부도 적지 않다. 꽤 정신
적인 가치관을 가지고 있는 탓이다. 자연에 접촉하고 조상이나 부
처를 섬기는 일로 부부간의 마찰을 전혀 다른 차원으로 전환해 버
린다. 힘은 전환이 된다. 일정기간 변화에 의한 권태기가 오는 탓
에 그것이 오기 전에 스스로를 변화시켜 버리면 된다. 이것이 만상
학식 처세술의 정수다. 이사나 구조변경도 좋으며 동물을 키우거
나 일을 바꾸는 것도 한 방법이다.

　현실적인 메마른 관계에는 적합한 탓에, 법률관계, 재산관리 등
을 맡기는 것은 좋은 상성일 것이다. 단지 갈등을 해결하는 상성이
라고는 할 수 없다.

서갑명 대 동갑명

상성은 한 마디로 하지만 그 내용은 천차 만별이다. 환경에 따라 다르고, 발전과 정지, 공격과 수비, 방출과 흡수, 현실과 정신 등 여러 가지 요소가 복잡하게 배합되어 있다. 서와 동, 정반대에 위치한 이 관계는 어떤 환경에 있어도 서로 가지고 있는 기운을 억제하는 상성이다. 그런 탓에 갈등을 중재하는 인물로는 최적이다. 당신이 어려울 때야말로 중용될 것이다.

특히 천중살 기간에 동갑명이 곁에 있으면 아주 원만하게 해결된다. 그러나 너무 방심하면 급하락할 수도 있으니 요주의가 필요하다.

아무것도 없는 데서 창출하는 동갑명은 좋은 자극이 될 것이다. 특히 예술 세계에 있어서 당신의 사상을, 다른 각도에서 해석하고 표현해 주는 동갑명은 귀중한 존재이다. 서로 억제하는 상성이지만 정신적인 차원을 높이는 데는 필요하다. 깊은 곳에서 당신의 사상은 변한다.

사업상에서는 당신이 싫은 분야를 맡겨도 좋다. 서갑명은 말대(末代)운이라서 시작이 약하므로 새로운 계획을 맡게 되면 손을 들게 된다. 거기에 동갑명의 초대운(初代運)을 투입한다. 시작하는 힘을 가지고 있으니 훌륭히 해낸다. 요점은 맡기는 것이다. 견해의 차이는 있는 것이라고 이해해 버리는 것이 좋은 상성이다.

연애, 결혼에서는 슬픔, 다툼, 병, 부상, 가난 등 불운한 때 만나서 급속도로 접근하는 일이 많다. 그로인해 불운을 이겨내게 된다. 단지 역시 견해의 차는 자주 찾아오는 탓에 그것을 극복하는 것이 필요하다. 특히 젊은 부부의 경우가 더 할 것이다. 그런데 이 관계

는 서로의 기운을 억제하는 사이라서 운이 좋을 때, 사물이 순조롭
게 진행할 때에는 주의를 해야 한다. 가령, 앞으로 한 걸음이라는
때에 동갑명이 오면 별로 잘못된 데가 없는데도 이상하게 고쳐야
할 곳이 나타난다. 결과를 알 수 없을 때는 상관 없지만 결과가 보
여질 때는 멀리해야 할 것이다. 귀중한 힘을 서로 갖고 있는 탓에,
물러서기가 어려운 상성이다.

서갑명 대 천갑명

천갑명은 손위로는 좋은 점이 나타나는 상성이다. 유순하게 서서히 진행하는 이 관계는 상종도 길게 된다. 대범한 천갑명은 작은 일에는 신경을 안 쓴다. 당신과는 사물을 재는 자의 단위가 틀린다. 천갑명은 앞뒤를 생각하지 않고 활력에 넘치는 행동력은 대담한 자(尺)에서 생기는 것이다. 섬세한 당신에게는 천갑명이 하는 일이 싫어질 때도 있을 것이다. 오랫동안 사업에서는 붙었다가 떨어지기를 반복하게 될 것이다.

사업상에서는 동료로 만나서는 안 될 상성이다. 그러나 상사로 만날 때는 사소한 일에는 신경을 안 쓰는 사람이라서 꽤 마음 편하게 활동하게 된다. 당신의 마무리하는 힘은 간접적으로 서서히 큰 형체를 이룩할 것이다. 단지 천갑명은 다분히 적당하여 치밀하거나 책임감이 없다. 자기의 계획을 통과시키려든지, 약속한 인사를 수행시키려면 끈질기게 거듭 부탁을 해야 할 것이다. 이런 관계는 미비하지만 당신에게 결정권이 있게 된다. 사업에 한하지 않고, 이 상성은 당신이 적극적으로 나가지 않으면 움직이지 않는다. 기다리고 있어서는 되는 일이 없다.

연애에서는 자극이 적은 상성이라서 즐거움도 중정도가 된다. 학생 시절의 첫사랑이 상당한 세월이 흐른 동창회에서 성취하는 일도 있다. 만나서 생각이 움직일 때까지는 많은 시간이 소요된다. 만일 당신이 정신적인 사랑을 원한다면 이 연애는 매우 좋은 것이 될 것이다. 그러나 당신이 고백하지 않는 탓에 「영웅 증후군」의 천갑명이 다른 곳으로 가버리는 일이 혼히 있으니 후회하지 않도록 해야 한다. 부부로는 오랜 시간이라는 것을 처음부터 이해한다면 좀처럼 만나기 어려운 풍요를 얻게 된다. 다만 당신이 강한 힘으로 끌어당기지 않으면 주위에 휘말리게 된다. 부모나 친지들의 의견에 약해지는 탓이다.

　서갑명의 숙명은 말대운이다. 자식과의 관계가 잘 되지 않는다. 그러나 천갑명의 기운이 자식과의 기운의 유통을 크게 도와준다. 이것은 만년에는 특히 반갑다. 천갑명을 끌어말리는 데는 당신의 의사 표시는 불가결이지만, 오랜 동안에 끌어말리어 좋았다고 이해하는 상성이다.

서갑명 ㄸ 남갑명

당신이 빨리 결과를 내려고 생각한다면 우선 남갑명의 사람을 찾아라. 남갑명의 격동하는 힘은 당신에게 큰 발전을 가져다 준다. 그런 탓에 이미 준비가 되어 있고, 행동하는 것만 남았을 때에 매우 귀중하다.

발전은 결국 변화이다. 특히 남갑명이라는 것은 감성의 숙명이라서 그때 그때에 따라 하는 일이 변한다. 빠른 변화에 익숙하지 못한 당신은 조금은 어려울지 모른다. 잘 조정하지 않으면 빨리 나아가는 대신에 예초에 예정했던 내용이 확 변해버리는 일도 있다. 주도권은 당신에게 있으니 염려하지 말고 그칠 때는 그쳐야 한다. 그런 탓에 남갑명과 조성(組成)하려면 결과는 공동으로 내는 여유 있는 자세가 필요하다.

사업에서는 상사나 부하보다는 동료와 같은 레벨과 접촉하면 좋은 결과가 얻어지는 상성이다. 공동사업에도 좋은 관계일 것이다. 남갑명의 운세가 상승하면 당신의 운세도 반드시 상승한다.

연애에서는 매우 아름다운 관계로 된다. 순수파·분방파를 불문하고 남갑명을 처음 접촉하면「이런 즐거운 일도 세상에 있었구나」라고 생각하게 된다. 어떤 의미로는 자극적이다. 처음은 관점이 정확한 당신에게 남갑명이 순종한다.

서갑명은 자기와 별로 관계가 없는 문제에는 정확한 조언을 할 수 있다. 그러나 경험이 적은 서갑명은 급한 일이 일어나면 어찌할 바를 모르게 된다. 남갑명의 의문도 친밀하게 됨에 따라 당신에게 의지하게 된다. 그럴 때 우왕좌왕하면 신용이 떨어진다. 두 번, 세 번 거듭하면 실망하는 것은 당연하다. 3~4년까지의 단기간에는 즐겁고 만족도가 높은 관계지만 오래 함께 지낼 부부로는 문제가 많은 상성이다. 결점은 결점으로, 못하는 것은 못한다고 정직하게 말할 필요가 있다. 자신의 의견만 주장한다면 화해는 어려워진다.

남갑명은 사업·연애·부부 등 어떤 경우에도 좋은 경험을 시켜주는 상대지만 이 상성은 자유로운 것을 원하는 남갑명에게 안정과 스트레스를 동시에 가져다 준다. 결코 무리하게 틀에 넣으려거나 잔소리는 하지 않도록 해야 한다.

남갑명과 잘 지내는 방법은 평소에 하고 싶은대로 하도록 내버려두고 위험이 있을 때만 짧게 충고를 하고 이 때에는 반드시 명확한 이유를 밝혀야 된다.

서갑명 대 북갑명

매우 천천히 발전을 해나가는 상성이다. 인간의 운세는 물의 흐름과 같아서 얕은 곳은 빠르고, 깊은 곳은 느리듯이 이 상성은 표면에 활동하는 기색이 안 보인다. 오랜 시간이 걸리면서 서로의 밑바닥에 있는 근본적인 부분이 활동하는 상성이다. 어떤 상종이라도 5년 이내의 단기간으로는 서로의 기운에 아무런 변화도 없다.

특징으로는 좋건 나쁘건 거의 오해로 시작하므로 원활히 이해하기까지는 오랜 시간이 필요하다. 상대의 처지에 서 보는 것이 상호이해의 기본이다. 그리고 이해는 양쪽 사상의 공통점이 있어야 비로서 성립한다. 처음의 기간에는 서로 그것이 없다. 당신도 북갑명도 상대의 처지에 서 있다는 생각은 하나, 긴 시간이 지나면 이해되는 탓에 이상하다면 이상하다.

서로 간섭하기를 꺼리는 사이라서 착실하게 교제하는 것 같으나, 사실은 그렇지 못하다. 호의가 선행(先行)하면 무척 친하고 서로 미워하게 되면 드러내 놓고 무시하기 때문에 결국 오해일 때가 많다. 처음은 어떤 사람인가, 선인인가, 악한 사람인가도 모르면서 함께 있는 것이다.

연애·결혼에도 오랜 시간이 걸려서 높은 차원의 인격을 배양해가게 된다. 인생을 함께 걸어가려는 각오만 있으면 아주 훌륭한 상성이므로 부부로 맞는 사이이다.

단지 이 부부는 오랜 시간이 지나지 않으면 서로 스쳐지나가 버린다. 그런 탓에 결혼하여 부부로서 계속지낼 수 있을까라는 의심이 생긴다. 그렇다고 서둘러 헤어져서는 안 된다. 대개의 경우 크게 후회하게 된다. 한번 결혼하면 20년은 함께 지내야 한다. 또 이

관계는 당신의 부족한 면이 자식운을 작용하여 발전시켜주는 상성
이기도 하다. 만년에 자식과 헤어지기 쉬운 서갑명은, 북갑명의 기
운은 귀중하다.

특히 정신 수련의 스승이란 처지에 북갑명이 있어주면 반가운
일이다. 다도(茶道)·서도(書道)·꽃꽂이 또는 종교적, 철학적인
스승이라는 각오를 하고 10년 이상은 상종할 일이다.

서갑명 대 지갑명

만일 당신이 확실한 계획을 가지고 있으면 실력이 있는 지갑명을 찾아가야 할 것이다. 실행력이 풍부한 지갑명은 당신의 계획을 확실히 만족시켜주는 상대이다. 당신의 운세를 밀어주며 착실하게 발전시켜줄 것이다. 상사보다 손아래 부하로 두는 것이 바람직한 인재이다. 대체로 서갑명은 기획력이나 판단력은 뛰어나지만 아깝게도 실행력은 약하다. 그 점에서 지갑명은 실행력, 신뢰도는 말할 나위 없다. 결과는 속히 나타난다. 정신적인 면보다 현실적인 면이 활동하는 상성이다.

지갑명을 부하로 거느린다면 잇따라 일을 맡겨볼 것이다. 당신의 기는 지갑명을 실행시키는 힘이 된다. 이 관계는 결과가 속히 나옴과 동시에 상종하는 기간도 짧아진다. 한가지 계획이 끝나면 얼마간 떨어져 있는 것이 좋다. 활동이 활성화하는 시간에는 제한이 있는 것이다. 실행을 지갑명이 하는 관계로 외부에서 보면 아무래도 주역은 지갑명이므로 서갑명으로서는 그것이 압력이 되는 경우가 많을 것이다.

실제로 능력 있는 부하를 거느린 사람이 자기 지위가 위험하다는 생각이 드는 것은 사실이다. 잘 듣는 약은 부작용을 일으키는 법이다. 어디까지나 지갑명은 현장의 주역이고 전체의 주도권은 당신이다. 지갑명은 당신의 지시가 있어야만 실행이 가능하다. 쌍방의 협력이 있어야 성과가 있는 것을 이해해야 할 것이다.

연애에는 권할만한 상성이다. 즐거움보다 착실한 어른의 사랑이다. 주의해야 할 것은 방탕의 상대가 되기 쉬우므로 한 때의 쾌락에 휩쓸리지 않도록 해야 한다. 단기간으로 되기 쉬운 관계는 연애에는 좋으나 부부로는 별로 맞지 않는 상성이다. 오랫 동안 함께 있으면 윤기가 부족해진다. 현실적으로는 부족함이 없으나 정신면에는 건조하게 되기 쉽다.

발전하는 상성이라서 갈등의 완화(緩和)에는 소용이 없다. 부부 사이가 불안정하다고 지갑명인 이성에게 말이 전해지면 바로 잘못 되는 관계로 변하기 쉽고 이혼하게 되는 일도 있다.

부하에 지갑명, 거래선에 남갑명의 상대 관계가 성립되면 큰 발전은 틀림없다. 다만 운세가 하강할 때도 하강 쪽을 향해 크게 발전하는 탓에 서로 손을 잡을 때 실행으로 옮기는 시기를 잘못 잡지 않도록 해야 할 것이다.

서갑명 대 서갑명

　오랫동안 눈에 띄지 않는 관계를 만든다. 현상이 표면에 나오지 않는 상성이다. 그 대신 내용의 충실은 두드러진다. 같은 상성육갑은 서로가 잘 이해한다. 서갑명이란 자기의 결점을 알리고 싶지 않은 조심이 많다.

　그러나 이 관계는 결점까지도 이해하기 때문에 서로가 안심한다. 또 서로 닮은 기를 가지고 있는 탓에, 확인하기 위해 사이좋게 지내는 경우도 있다. 어디로 방향을 잡아야 할까를 늘 생각하고 있는 사람에게는 없어서는 안 될 상대이다.

　그런 탓에 친해지면 언제나 생각나고, 생각하는 인물로 된다. 어떤 동기가 생기면 그 사람을 불러야지라고 반드시 권유한다. 좋은 친구관계를 만드는 탓에 주위에 한 사람이라도 있으면 좋은 상성이다. 그러나 꼼꼼한 성격이 겹치는 관계로 현실적인 발전은 거의 없다.

　사업상으로 만나 돈 벌기는 기대해서는 안 된다. 그러나 사이는 좋지만 채산성이 맞지 않고, 이익을 올리지 못하여 남보기에 좋게 보이기가 어렵다. 실리적, 현실적이기 보다 문화적, 사상적이어서 예술적인 활동에는 좋은 상성이다.

　특히 예술의 방향으로 나가면 실리를 구하지 않으므로 진정한 평가를 받게 된다. 진실한 전문가는 인정받게 된다. 본국에서는 인정을 못 받게 될지라도 내용만 좋으면 외국에서라도 좋은 평가를 얻게 된다.

　승부의 결과에는 별로 개념하지 않는 탓에 깨끗한 승부가 이루어진다. 더구나 자기를 숨김 없이 나타내는 기를 받아서 서로의 기술을 모두 털어놓는 명승부가 된다. 또 변호사나 검사라면 착실하게 역사에 남길만한 명재판을 전개하게 될 것이다.

연애에서는 일반적으로 조용한 사랑이지만 친구인지, 연인인지 분간이 안 된다.

부부로서는 평생 서로 인정하지만 인정 못하는 것은 전혀 인정 안 하는 관계로 된다. 의외로 방탕해도 아무렇지도 않게 지낸다.

자식은 부부간에 몇 명이 있어도 의지가 안 된다. 노후도 둘만의 사이좋은 부부일 것이다. 감추어진 상성이라서 불륜도 적지 않다.

四
章

후천육갑(後天六甲)으로 운기(運氣)의 흐름을 잡는다

진출하는 때를 잘못하면 성공은 없다

◇ 후천육갑을 보기 전에 천살(天殺)에 대해서 알아 두어야 한다

누구에게도 12년간에 2년간, 12개월간에 2개월간 찾아오는 것이 천중살이다. 어떤 사람에게도 예외는 없다.

1장에서 설명했지만 천중살을 비롯한 운명의 격동현상 천살은 한 종류만은 아니다. 기본적인 것만도 천중살(天中殺)·천황살(天黃殺)·천동살(天東殺)·천남살(天南殺)·천서살(天西殺)·천북살(天北殺)의 6종류의 천살이 있다.

이들 천살 중에서도 가장 현상이 심하게 나타나는 것이 천중살이다. 그러나 다른 5종류의 기본적인 천살에 관해서는 전혀 세상에 나타난 일은 없었다. 특히 천중살에 견줄만한 정도의 운세의 변동현상을 모르므로 얼마나 부정확한 판단이 이루어져 왔는지 모른다. 여기서 여러분이 생병법(生兵法)에서 크게 판단을 그릇되게 하지 않도록 천황살이 언제 찾아오는지에 대해 설명하려고 한다.

천황살은 천중살과 같이 숙명육갑에 의해 범위가 정해져 있다. 천황살에 들면 천중살 기간과 같이 여러 가지의 모순 현상이 일어나게 된다. 각 숙명육갑의 천황살과 천중살의 범위를 표시하겠다. 특징적인 것은, 천황살이 모든 해(亥)와 사(巳)에 집중해 있는 점이다. 천황살은 개인의 운세는 물론, 집단의 운세에도 꽤 많

星＼天殺	東甲命	天甲命	南甲命	北甲命	地甲明	西甲命
天中殺	子丑（十二・一月）	寅卯（二月・三月）	辰巳（四月・五月）	戌亥（十月・十一月）	申酉（八月・九日）	午未（六月・七月）
天黃殺	亥（十一月）	巳（五月）	巳（五月）	巳（五月）	巳（五月）	亥（十一月）

은 영향을 가져온다. 작게 나타나면 가족, 크게 나타나는 것에 따라서 회사・학교・사회・국가에까지 미치는 것이다. 요컨데 사년(巳年)이라는 것은 세계적인 동란의 해가 되기 쉽다. 1989년은 사년이었다. 베를린의 장벽, 동구 공산권 세계의 대개혁, 중국의 내란 등 큰 동란이라 하겠다.

세계가 태평양전쟁에 돌입한 1941년도 사실은 사년이었다.

동란 50년 극기설이란 말이 있다. 근거가 있는 말이다. 또 사월(巳月)은 5월이다. 세상에서 말하는 5월병 등도 사월의 천황살의 기운이 크게 작용하고 있는 것이다. 표에서 보면 남갑명은 사(巳)에 천중살과 천황살 양편이 거듭하고 있다. 남갑명의 격심한 운세의 원인이 일단 여기에 있다. 또 동갑명에는 해년(亥年)에서 자축의 3년간 천살의 기간이 계속하는 셈이다.

◇ 육갑법은 12지를 음양 6으로 나눈 6순(六旬)으로 성립된다

본장에서는 후천운(後天運)에 감추어져 있었던 힘을 잘 알고서 움직여야 할 때와 멈추어야 할 때를 잘 알아야 하는 것이 첫째 목적이다.

만상학에서는 운명의 동향을 볼 때는 반드시 12지(支)를 사용한다. 이것은 육갑법에 한정되지 않고 기본 중의 기본이다. 그런데 점법

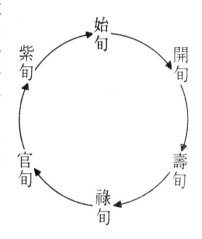

(占法)에 의해 쓰는 방법이 전혀 달라진다. 육갑법도 역시 같다. 후천육갑에서 사용하는 기본적인 용어(用語)를 보면서 그 해설을 하겠다.

육갑법의 경우에는 12지가 일주할 때까지 12년, 12개월을 『일순(一巡)』으로 한다.(물론 일(日)에도 해당되지만 현상이 작은 것이어서 여기서는 생략한다) 일순은 6순으로 성립한다고 한다. 요컨대 12지를 음양 2개씩 6개로 나누어 점을 친다. 순(旬)이란 어떤 의미에서는 절기라 생각해도 좋을 것이다.

12지(12년·12개월)=일순 일순(六旬)=2년·2개월·2일×6

으로 6개의 순(旬)이 나오게 된다. 각각의 이름은 「시순(始旬)」, 「개순(開旬)」, 「수순(壽旬)」, 「녹순(祿旬)」, 「관순(官旬)」, 「자순(紫旬)」이라 한다. 어느 숙명육갑도 이 순번(順番)이 도는 것으로 된

다. (그림 참조)

어느 숙명육갑도 「시순(始旬)」을 천중살로 한다. 천중살은 혼돈하여 무엇이 어떻게 변하는지 전혀 모르는 기간이다.

천중살의 2년간(2개월간)을 벗어나면 다음은 「개순(開旬)」으로 나아간다. 혼돈에서 현실의 문이 열리는 때이다. 행동개시의 봄이다.

개순의 2년간을 지나면 다음에 기다리고 있는 것은 「수순(壽旬)」이다. 이 수순은 목적을 결정하여 일종의 여유를 가지고 인생을 진행할 때의 녹음이 풍성한 초여름의 기운이다.

다음에 들어가는 것은 「녹순(祿旬)」이다. 여기는 준비 기간이다. 수확에 필요한 여러 가지를 모아오는 시기이다. 정력적으로 행동할 때지만 서둘러서는 실패한다. 여름절기이다.

그 다음은 「관순(官旬)」이다. 명예의 순이다. 지금까지의 결과가 나타난다. 수확의 가을이다. 이 관순에서 평가를 내리는 것은 자기가 아니고 타인이다. 지금까지 모순이 있었으면 결과도 모순이다. 나빴으면 명예는 악명(惡名)으로 바뀐다.

최후에 「자순(紫旬)」으로 들어간다. 관순의 반성이다. 좋았다면 왜 좋았는가, 나빴다면 그 원인은 무엇인가를 생각하는 기간이다. 지혜의 순이라는 연유다. 여기서 바르게 지혜를 찾아주면 다음 「시순」=천중살로 굴러가지 않게 된다. 겨울의 기운이다.

개순·수순·녹순까지는 「자력운(自力運)」이다. 무엇이나 자력으로 정해서 나아가야 할 때, 그리고 다음의 관순·자순 그리고 천중살 기간의 시순은 「타력운(他力運)」으로 된다. 자기로서는 이미 어쩔 수 없다. 인사(人事)를 다하는 것이 개순에서 수순·녹순까지. 천명(天命)을 기다리는 것이 관순 이후로 생각해 둘 일이다.

매우 중요한 법칙이 있다. 후천육갑의 한쪽의 테마이다. 세상에는 원인과 결과밖에 없다. 현재 별 생각 없이 행동한 일이 반드시 어떤 형태로든 미래에는 결과로 나타난다. 역으로 현재의 자기의 원인이 반드시 과거에 존재한 것이다. 6순 중에서 현재 자기가 있는 순을 중순(中旬)이라 하고, 중순 앞서 지나온 순을 선순(先旬)으로, 다음에 올 순을 후순(後旬)이라 한다. 중순에 나타나는 현상의 원인은 선순에 있고, 중순의 결과는 후순에 나타난다. 당연한 일이다. 이것을 알고 있으면 불운은 간단히 피할 수 있다. 천중살이나 천황살의 흉의(凶意)를 반감시킬 수 있는 일도 충분히 가능하다. 언제 어떤 운기(運氣)가 찾아오는가? 유년도(流年圖)를 토대로 각 숙명육갑마다 살펴본다.

(住) 12지는 유년도의 기본이 되는 것이다. 12라는 단위는 사실 목성(木星)에서 온 것이다. 동양사상에서는 고래(古來)로 일년에 하늘을 거의 정확하게 30도 이전하는 목성을 세성(歲星)이라 하고, 목성이 하늘을 일주하는데 약 12년 걸린다고 생각한다. 사람의 운명도 그 기운을 받아 12년을 하나의 단위로 운명의 리듬이 만들어지는 것이다.

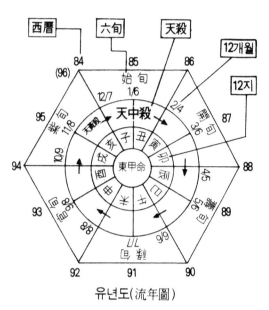

유년도(流年圖)

유년도(流年圖) 읽는 법

이 도표는 후천육갑의 흐름을 한 눈에 볼 수 있는 유년도(예:동갑명)이다. 이 표에 의해 당신의 과거·현재·미래의 6순의 시기나 천살의 시기와 범위를 한 눈으로 알 수 있다. 본문과 대조하며 활용하기 바란다.

六旬 12지가 일순하는 12개월을 우회(右回)로 시순·개순·수순·녹순·관순·자순 6개로 나누어 6각형으로 나타내고, 중심의 원내는 각각의 숙명육갑을 나타낸다.

12지 중심 원의 외측의 동심원에는 12지가 표시되고

천살 다음 동심원에는 천중살(예로는 자와 축)과 천황살(예로는 해)의 범위가 각각 표시되어 있다. 어느 숙명육갑도 시순은 천중살에서 시작한다.

12개월 원주상의 수자는 각각 12지가 해당하는 12개월의 월일의 범위를 표시하고 있다. 월의 시작이 1일에서 시작하지 않는 것에 주의해야 한다. 가령, 표에서 자의 월은 12월 7일에서 시작, 1월 6일까지로 된다.(동양의 점술은 거의 이와 같은 간지력을 토대로 한다)

서력 6각형의 가장 외측의 수자는 서력을 표시한다. 1984부터 오른쪽으로 돌아 12년으로 외주(外周)를 일순한다. 13년째에서 다시 96, 97로 외주를 같은 모양으로 돈다. 1년은 1일부터 시작하지 않고, 입춘에서 절분(표에서는 2월 4일에서 다음 해 2월 3일)까지로 하고 있다.

자력운, 타력운 표의 엷은 흑색 부분은 타력운, 흰 부분은 자력운(개순·수순·녹순)을 표시하고 있다.

수순과 자순 또는 개순에서 녹순에 걸쳐서의 자력운의 기간을 지내는 방법이 개운의 포인트

초대운의 동갑명. 중요한 것은 운세의 흐름을 알고 독립기가 언제인가를 아는 일이다. 천살 기간은 지구의 성립이라든가 동식물에 관한 법칙 등 자연과학을 공부하면 장래에 도움이 된다. 자연법칙을 인간사회에 관조하는 데까지 이른다면 행운일 것이다.

「시순(始旬)」천중살 기간에 당신을 지배하는 감정은 초대운에서 오는 조급함이다. 이것이 화(禍)가 된다. 목표는 달성하지 못하고 의지로 통하지 않아서 불만과 트집스러운 성격으로 된다.

취직이나 수험도 꼭 통과하려면 수준을 낮추는 것이 현명하다. 실력은 환경에 의해 의미를 없앤다. 뜻대로 안 된다는 것을 각오하고 정신적인 공부에 힘써야 한다. 타인의 행운은 아예 무시해 버리고 또는 해외에서 보내는 것도 나쁘지 않다. 개순 이후의 계획을 세우는 것이 좋다.

자년(子年)의 현상은 변신(變身)을 바란다. 결혼·전직·전거(轉居) 등 행동하기 쉬우나 새로운 전개는 후회하기 쉽다. 자년을 잘 지내는 열쇠는 발상(發想)의 전환이다. 마음 편하게 생각할 것이다.

축년(丑年)이 되면 조급성은 꽤 수그러진다. 주위의 뜻에 따르기를 익힌 탓이다. 결정권을 타인에게 넘기면 책임이 가벼워진다. 그러나 자년에서 자세를 바꾼 사람에게는 의외의 곳에서 재앙이 온다. 조급성은 불안이 된다. 여기서의 도피는 조상 공양이다. 신이나 불(佛)이라는 무형의 자원은 힘이다. 무형이라는 점에서는 예술이나 문학, 철학의 방향으로 향해도 좋을 것이다.

「개순(開旬)」은 새로운 출발을 의미한다. 시작운이 강한 탓에 천중살 기간의 불안과 조급성은 사라진다. 타인의 도움은 되도록이면 빌리지 말고 자신의 의지

로 행동할 것이다. 독립기이다.

인년(寅年)은 새것에의 도전이고 주장(主張)이다. 즐겁고 자극적인 일이 많은 해로, 어렵다고 생각했던 것도 의외로 잘 풀린다. 여기서 시작한 것, 만났던 사람은 금후 당신에게 많은 영향을 주게 된다. 호의적인 것은 동성(同性)이다. 연애는 별로 큰 발전은 없다.

묘년(卯年)이 되면 확장과 이동의 기운이 생긴다. 도전도 원활하다. 예상 이상의 인기도 생긴다. 전년에서 시작된 일은 확실히 확장되고, 인맥도 나오게 된다. 교우관계의 확장이다. 개인행동보다 집단행동이고 이 시기에 호의적인 것은 이성이다. 연애운도 호조(好調)되고, 당신의 마음도 움직일 것이다. 결혼운도 생기면서 독립운도 있으며 동시에 이별의 슬픔도 경험할 경우도 있으며, 복수의 연인을 갖기도 하고 방탕기도 있을 것이다.

「수순(壽旬)」이름이 알려질 때이다. 사람에 따라 다르지만 즐거움이 넘칠 것이다. 개순에 시작한 것을 밖으로 밖으로 방출한다. 세상에 알려지고 싶고 눈에 띄고 싶은 시기이다. 소문도 퍼지고 나

쁜 일은 못하게 된다.

진년(辰年)은 명예운. 인기가 있게 된다. 이 해의 열쇠는 선택이다. 사업·연애·인맥 등 모든 것이 갈림길이다. 어느 쪽을 선택하는가에 따라 앞으로의 인생은 거의 결정이 된다. 정이나 쾌락에 진 사람은 뒤에 압력이 될 것이다. 또 진년은 특별의식을 갖는 해이기도 하다. 자존심도 강하고 사치가 즐거울 때 인기도 높고 주위에 필요로 된다. 연애도 충실. 결혼도 이룩될 것이다. 다만 여기서 방탕하면 후에 우는 일이 있을지도 모른다.

사년(巳年)은 재운과 생활의 안정. 진년에 선택한 것을 확실히 자기 것으로 해야 할 기간이다. 확실한 수입, 주거운도 확실성이 증거하고 연애도 안정기다. 예술 등에 접하면 성격의 풍성도가 증가한다. 신앙을 지켜야 할 해이다. 신불(神佛)이나 조상을 돌보지 않으면 후반에서 다음 녹순에 걸쳐서 신용이나 주거를 상실하게 된다. 종교적인 처지에 있는 사람은 특히 혼자 수련(修鍊)을 하면 좋은 해이다.

이 사년(巳年)의 신앙이 알려지지 않았던 탓에 바른 운명의 길을 볼 수 없었던 사람이 속출(續出)했다. 신앙이라 하여도 신흥종교에 빠져버려서 선조(先祖)를 소홀하게 하였을 경우도 꽤 나타나는 듯하다. 또 사찰에 장난을 치거나 다른 가정의 묘소(墓所)를 훼손시키는 현상도 일어난다. 가끔 아이들이 조상의 신위(神位)에 장난을 치거나 자기 이외의 가족이 부정현상(否定現象)을 일으키는 일도 있다. 사년(巳年)에 깔끔하게 하지 않았던 사람은 시장에서 파는 월력을 사서 매년 사(巳)의 달, 사의 날에는 조상을 보살펴 정중하게 공양을 하는 것이 좋다. 중요한 것은 형식이 아니라 마음이다.

「녹순(祿旬)」은 이제까지의 자력운이라서 독립·수정(修正)의 최후의 기회이다. 관순에 큰 결과를 얻기 위한 준비 기간이기도 하다. 기본적으로 재운은 양호하므로 다소의 차질이 있더라도 초조하지 말 것이다. 녹순에서 요구되는 것은 착실성과 인내심이다. 의식해야 할 것은 동정심과 사랑이다. 선순(先旬)에서 조상이나 신앙심을 부정한 사람은 주의를 해야 한다. 신용을 잃어버리고 좌천이 되고 재산을 날리는 등 크게는 큰 병이나 사고로 이어진다. 일종의 시련이다.

오년(午年)은 노력하기만 하면 대개의 것은 실현된다. 어떤 권위를 얻게 된다. 동정심을 잃으면 지지자를 잃게 된다. 교만한 태도는 큰 손실이고, 시시한 욕심이 생기면 다음 관순에 악명(惡名)을 떨치게 된다. 약간의 병운도 있고 가정에서는 갈등이 생긴다. 외부의 상종도 중요하지만 기반은 가정에 있다는 것을 잊지 말고 사랑과 관심이 필요하다.

미년(未年)은 담담한 일년이 된다. 오년에 피로한 탓도 있으나, 움직이기 싫어진다. 노선변경, 독립의 최후의 기회이니 판단을 잘못하지 않도록 해야 한다. 배짱을 기르도록 노력해야 한다.

「관순(官旬)」은 동갑명의 최강의 운기(運氣)이다. 관순부터 타력운으로 들어간다. 주권은 자기 의외이다. 당신의 평가는 타인에 의해 결정된다. 사업에도 잇따라 의뢰가 오고, 지지자도 계속 증가한다. 의뢰하면 자신을 갖고 인수해야 한다.

녹순까지는 노력하고 자기 능력껏 선처한 사람은 커다란 행운이 찾아올 것이다. 인기가 상승하고 유명도도 높아질 것이다. 그러나 개순까지의 6년간을 게으르거나 남을 해치기만한 사람은 정반대로 작용한다. 1년째인 신년(申年)은 지위와 명예가 높아지는 해이다. 걱정이 되는 행운. 주위는 인정해 준다. 당신은 특별히 꾸밀 필요는 없다. 해야 할 일을 하고만 있으면 모든 행동은 좋은 평가를 받게 된다.

2년째의 유년(酉年)에 들어서도 더욱 최강의 운세는 계속된다.

적극적인 행동은 도리어 손실이 되고 결과는 기다림이 필요하다. 듬직한 사람이라면 큰 재운과 사회적 지위, 큰 명예 등을 얻을 수 있다. 가정운도 좋고 모든 것이 순조롭다. 사년에서 얻은 신앙이 보이지 않는 음덕을 입게 된 것이다. 혹 결과적으로 지위를 잃어버린 경우에도 서둘러 움직여서는 안 된다. 전부를 타인에게 맡겨두는 편이 결과가 좋아진다.

술년(戌年)이 되면 가장 중요한 자순에 들어간다. 선순은 수확기였고, 이 자순에서는 수확의 내용을 한번 분석하는 일이 중요하다. 천살이 바로 이웃이라서 수확한 것을 어떻게 사용할 것인가를 검토해야 한다. 자순에서는 손위나 상사의 비판은 숨어서라도 하지 말아야 하고 만약 했다면 천살에서 좌천이나 파면을 각오해야 한다.

자순의 1년째 술년은 독특한 운기이다. 운명적으로는 유년부터 거의 하락하지 않고 매우 높은 수준을 유지해 왔다. 개순·수순에서 마음에 그리던 꿈이 실현되는 해이다. 노력이 성숙하여 충실해진다. 행운이 계속하지만 육갑법에서는 술년의 외면은 영(榮), 내면은 쇠(衰)라하니 들뜨지 말고 삼가할 것이다.

술년(戌年)은 함부로 꾸미거나 외양을 갖추려하지만 재정면이 유지되지 못하므로 낭비는 피해야 한다. 고집부리는 것은 천살 3년간에 대흉(大凶)으로 나타난다. 또 의뢰 받는 일도 자기의 범위를 넘거나 하지만 술년에는 거절할만한 용기가 있어야 한다. 선택하려면 자극·변화·발전이라는 파란에 이어질 것은 피해야 한다. 수비하는 기간이다. 외면의 화려한 매력에 끌리어 결과적으로 큰 손실을 본 사람도 적지 않다. 가장 조심해야 할 일은 권력의 남용이다. 모든 것을 돈으로 해결하거나 타인을 멸시하다간 천살에서 혼이 난다.

자순의 후반은 천살의 1년째 천황살의 해년(亥年)이다. 부상, 병,

이성의 갈등 등의 암시가 있다. 감정에 쏠려서 불륜이나 방탕도 있겠다. 또 이동에 의한 어려움이라는 뜻도 있으니 여행하는 일 등의 재난에 조심해야 한다. 이 해년도 사년부터의 신앙심이 구원이 된다.

동갑명의 후천육갑의 요점은 수순과 자순이다. 여기를 지나는 방법으로 천살의 수준이 변해진다. 또 개순에서 녹순에 걸친 자력운에 얼마만큼 자제하여 동정심을 가지고 있는가에 따라 관순에서 자순의 1년째 술(戌)까지 계속되는 행운의 수준도 달라진다. 관순 이후는 타력운이라서 자기 의지를 고집하지 말고 신용할 수 있는 타인을 따를 것이다. 천살이 3년째 계속하는 동갑명은 그만큼 집중하여 공부할 수 있을 것이다. 그런 뜻만 있으면 이 기간에 타인의 20배의 지혜를 얻게도 된다.

이것은 월운(月運)의 천살도 당연 이용할 수 있다. 매년 11월을 맞으면 정신적인 자세로 전환하여 다음 해 2월, 입춘이 올 때까지 쉬지 말고 공부하면 해를 거듭할수록 놀랄만큼 성장하고 있는 것을 깨닫게 될 것이다.

천중살기는 착실하게 지나도록 노력한다. 자순의 시기에 자신의 행동을 반성해 보는 것이 좋다

천갑명의 특징은 사소한 일에 구애받지 않는 부드러움이다. 대범성과 풍부한 감정, 그리고 행동력이다. 천살기간은 자기 혼자 살아 있는 것이 아니라는 것을 배운다면 인간적으로 차원이 높아진다.

「시순(始旬)」은 천중살이다. 알려져 있지 않았으나 천갑명에는 세간에서 말하고 있는 천중살(공망이나 대살계 등도 포함한다)의 재앙은 별로 보이지 않는다. 그럼 천중살은 무섭지 않는가? 그렇지 않다. 사실 천중살에는 별로 재앙이 없는 것이 불행한 일이다. 그 시기는 「괴로웠다」라고 하는 사람이 도리어 행운이다. 천갑명이 가장 두려워해야 할 것은 천중살의 결과가 나오는 개순 거기에 겹쳐지는 사년(巳年)의 천황살(天黃殺)이다.

천중살의 1년째 인년(寅年)에는 좋은 것이나 나쁜 것이나 멈출 수 없다. 위험에도 중지 못하는 탓에 사고나 부상이 일어나기 쉽다. 분쟁도 일어난다. 연애는 호조(好調). 신규사업 등에는 천중살 기간은 매우 좋은 성적을 올리지만 개순에서 몰락한다. 천중살 2년째 묘년(卯年)을 맞이해도 우선 행동은 원활, 발전하려고 노력하면 정상으로 간다. 그러나 천중살에서 사년(巳年)의 천황살에 걸쳐 재앙을 최소한으로 하는 열쇠는 이 묘(卯)에 있다.

인(寅)에서 성공한 사람은 우선 적극적인 방출(放出)이다. 인(寅)에서 얻은 재산은 기부를 한다. 새로 태어나는 셈치고 버리는 방향으로 행동하는 용기가 필요하다.

재앙으로는 욕망을 만족시키기 위해, 혹은 체제를 정비하기 위해, 태도를 바꿔버린 것에서 생기는 불신이다. 여기서 사람을 멸시하거나 배신하면 뒤는 무서운 것이다. 또 성적을 너무 올리면 질투를

당한다. 모든 것이 후일에 이어진다.

「개순(開旬)」은 출발이다. 사람에 따라서는 행 · 불행이 극단으로 나간다. 행운의 사람은 신규 사업 등이 매우 즐겁고 활발해진다. 그러나 천중살의 결과라는 뜻을 갖는 개순과 천황살이 중복되어 있다. 천중살의 빚을 갚아야 하는 출발이다.

진년(辰年)은 사람과의 상종이 시작하는 해. 천중살 기간은 잘 노력하여 문제 없이 지낸 사람은 좋은 해이다. 연애는 자기와 사상이 전혀 다른 사람과 접근한다. 나이 차이가 있는 일도 많을 것이다. 천중살의 흐름에 말려든 사람은 잇따라 나쁜 일이 나타난다. 병 · 부상 · 파산 · 사고 · 이별, 소중한 사람과의 사별도 있을 수 있다.

사년(巳年)은 대황살이다. 여기서는 조용히 있지 않으면 나쁜 일이 잇따라 나타난다. 나는 행운이었다는 사람은 외국과 관계가 있다. 대개의 사람은 자기의 한계를 깨닫게 된다. 심한 것은 인맥의 붕괴인데 가령, 당신이 두목이라면 그 집단은 형체가 없어질 것이

다. 무엇보다 중요한 신용이 떨어지고 당신의 주위는 살기(殺氣)가
감돈다. 이제까지 얻어진 자신을 깡그리 상실할 경우도 있다. 연애
·가족·부부관계도 이런 현상은 나타난다. 여기를 벗어나는 유일
한 방법은 반성이다. 무시해 버리면 12년 뒤에 같은 실패를 반복하
게 된다.

「수순(壽旬)」 격동의 4년간을 겨우 벗어나면 수순을 맞게 된다.
새로운 출발점이라 생각해도 좋다. 반성만 되어 있으면 결혼·신
규사업 등에 매우 좋다. 반성이 부족하면 불안과 실패가 따른다.

오년(午年)은 꽤 조용한 해가 될 것이다. 지금까지의 반성에서
자기와 환경을 잘 파악하여 냉정을 되찾아 확실히 해나가면 인정
받게 되지만 반성하지 않으면 다시는 구제가 안 된다. 신뢰형과 불
신형이 오년에서 알게 된다. 연애도 시작되고 결혼도 순조로울 것
이다.

미년(未年)은 커다란 새 전개의 기운에 지배된다. 최선단에 향해
행동이 있을 뿐이라는 해다. 새로운 분야로 착착 진출한다. 사람과
의 상종, 인기의 상승, 연애의 호전 등 움직임은 예상 의외로 빠르
며 선수 필승(先手必勝)이다. 여기서 천중살의 두려움을 잊게 된
다.

「녹순(祿旬)」은 천갑명의 최강의 운기(運氣)이다. 행동력도 최고
이며 재산·지위·신용을 얻게 된다. 자신의 모든 힘을 일에, 사랑
에 경주할 때이다.

신년(申年)은 노력과 봉사, 지위 상승의 준비의 해이다. 빈틈 없
는 착실한 행동력은 신용을 얻게 된다. 지휘자보다 봉사자 편이 사
회적 신용을 얻을 수 있다. 순조로우면 억제력이 부족한 천갑명.
신년은 일할 보람이 있는 시기이다. 애정운, 재운, 주거운도 최고조
이다.

유년(酉年)은 실질적으로 천갑명의 최고의 운기이다. 최대의 만

족을 얻게 된다. 승리·극단의 지위 상승, 명예 등 신천지에 크게
비약할 사람도 많다.

「관순(官旬)」에 이르면 이제까지의 화려한 운기는 전변하여 평
온한 운기로 변해 간다. 기본적으로 타력운의 천갑명에게는 관순
과 자순은 매우 편하다. 녹순까지는 잘 참고 견디었다. 생활은 충
실하고 즐거울 때이다. 녹순에 신용을 얻었으면 주위는 모두 행동
해 준다.

술년(戌年)은 순조로운 행동. 자기가 일일이 움직이지 않아도 주
위가 해주는 탓에 당신은 지시만 하면 된다.

해년(亥年)은 인맥운. 술년의 개인적인 행운이 공공에까지 확대
된다. 연애도 즐거운 일이 계속해서 일어난다. 동료들과의 상종도
충실하다. 선악의 판단을 하기 어려울 때라서 타인의 의견도 잘 들
어야 하겠다. 이 해년과 다음의 자년에는 신앙을 가져야 할 운기이
다. 신앙을 갖게 되면 뒷일에 도움이 될 것이다.

「자순(紫旬)」은 천갑명에게 가장 귀중한 것이다. 정신세계의 충
실하는, 여기서 공부하는가 못하는가로 천중살과 천황살을 길흉
(吉凶) 어느 쪽을 택하는 갈림길이 된다. 자순에 법사(法事)가 있
으면 반드시 출석해야 할 것이다.

자년(子年)은 생각의 변화. 무엇이 좋으며, 무엇이 나쁜가를 분
명히 밝혀야 할 해이다. 타인의 처지, 어려운 점을 의식하도록 노
력해야 하겠다. 감성도 섬세하게 되고 작은 변화에 놀라기도 한다.
사실 자년에 금후의 방향을 결정해 두지 않으면 축년에는 어쩔 수
도 없게 된다. 해년에 잇따라 신앙심을 갖는 것이 좋은 해이다. 천
중살을 억제하기 위해서도 조상과 신불(神佛)을 섬기는 신앙심이
요구된다.

축년(丑年)이 되면 또 신용을 얻게 된다. 사업상에서도 사생활에
서도 여러 가지의 것을 저축할 수가 있다. 천중살을 이익추구라는

잘못된 생각으로 보내서는 안 된다. 과욕을 부리지 말고 만족할 줄 안다면 천중살도 잘 넘기게 될 것이다.

천갑명의 후천육갑의 요점은 자순이다. 여기서 행동이 주위에 영향을 미치는 것과 자기의 감정의 방향을 바로 점검해 둘 일이다. 또 천갑명의 신앙심은 해(亥), 자(子)년에서 시작하는 것이 자연이라 하겠다. 천중살은 화려하게 되기 쉬워서 가능한 착실하게 지내야 할 것이다. 그러기 위해서도 자순에서 인내와 만족을 배우고, 타인의 어려움을 알게 되면 정신적으로 충실해지면 더 바랄 수 없을 것이다.

미년의 결정이 장래를 결정한다. 눈앞의 욕심에 사로잡히지 말고 대국(大局)을 생각해서 결정할 것

숙명육갑 중에서 가장 운기의 파장(波長)이 거친 것이 남갑명이다. 그 원인은 사년(巳年)이다. 천중살 2년째의 사년에 천황살이 중복되어 있는 것이다. 12지라는 것은 기본적으로 음양이 모여서 한 짝이다. 사(巳)는 진(辰)과 음양을 이루고 있어서 사(巳)만이 천황살이라도 진에게도 어느 정도의 영향을 주고 있다. 남갑명에게는 시순의 진년. 사년은 천살이 겹쳐 있는 것으로 된다.

「시순(始旬)」은 천중살이다. 뜻대로 되지 않는 상황. 행동은 사고로 이어진다. 건강운도 안 좋다. 자기만이 아니라 가족 모두가 주의해야 한다. 또 선조 공양을 착실히 해두면 구원을 받는 것도 남갑명의 천중살 기간이다. 매우 극단의 예이지만, 무덤을 수복하고 사찰에 깍듯이 예불을 하고 공양하는 것만으로 남편의 위압이 형체도 없이 사라졌다고 하는 사람도 실제로 있는 것이다.

천중살 1년째인 진년은 타인과의 마찰이 심해진다. 직장·학교·가정 등 집단생활에서 자기 주장은 하지 않는 것이 좋다. 언제나 주위에는 갈등이 끊이지 않을 것이다.

이 진년은 어떤 일이 일어나도 사리(私利)를 구하지 말고, 사욕을 버리고 타인의 의견에 순응해야 한다. 의지가 통하지 않는다는 것을 알아두어야 한다. 천중살 2년째 천황살의 사년(巳年)은 고독감과 의문이 당신의 감정을 지배한다. 사고·부상·병 등의 문제가 많이 일어난다. 규칙적인 생활과 충분한 수면에 힘쓰며 이성관계는 주의하고 얌전하게 지내야 한다.

사년에는 특히 사욕을 채우려는 행위는 명예를 크게 손상시킨다. 조용하게 혼자 지내는 것이 좋다. 탈력감(脫力感)을 느끼는 것도 사년이다. 남갑명이라는 숙명은 자연사상이나 신앙심을 가져야 할 숙명이

기도 하다. 그 사상(思想)의 덕택으로 나중에 천중살 기간을 인생의 힘으로 변경할 수가 있다.

「개순(開旬)」천중살을 벗어나면 개순이다. 지금까지의 환경에서 **탈출하도록** 행동을 개시할 때이다. 천중살과는 아주 변하여 당신의 의지는 순조롭게 통하게 된다. 지금까지는 노력을 해도 전혀 보상되지 않던 것이 다소의 고생은 있을지라도 틀림 없이 결과로 되어 나타난다. 반가운 일이다.

개순의 1년째 오년(午年)은 음양의 2기가 교차하는 해가 된다. 명(明)도 암(暗)이 동시에 찾아오는 느낌. 좋은 이야기는 있으나 이면이 있다. 작은 행운에 사로잡혀 큰 것을 놓치게 된다. 좋은 일과 교체로 나쁜 일, 가령 건강을 해치는…… 특히 진월, 사월의 월은 천중살은 꽤 어려운 일이 있으며 체력도 떨어진다. 여기서는 조용히 휴양하고 과거를 반성하는 시기를 만들 필요가 있다. 미년(未年)이 되면 가만히 있을 수 없게 된다. 눈을 뜬다. 최선단의 것에 전환하며 새로운 인맥에 자기의 주장을 한다. 행동력도 강해진

다. 사업·연애에 뛰어난 힘으로 돌진한다.

「수순(壽旬)」 남갑명의 수순은 풍요로움을 얻게 되는 계절이다. 사업·연애 모든 것이 영양분이 된다. 경제적 상승기류가 보이고 재운도 있다.

수순의 1년째는 신년(申年). 모이는 힘이 발생하는 해이다. 사람·정보·돈 등 여러 가지가 모여든다. 사업, 연애도 충실하고 즐거운 일이 계속하여 당신에게 가장 중요한 여유를 얻게 되는 해가 될 것이다. 천중살에서 미년까지 일을 과하게 한 사람은 건강이 상할 염려가 있다.

유년(酉年)은 주장과 축적. 신(申)에서 얻은 것을 활용하여 실제로 행동에 옮기게 된다. 그러나 준비 기간으로 확실한 토대를 쌓을 시기이다. 재운도 확실해지고 자유롭게 쓸 돈도 늘어난다.

「녹순(祿旬)」 남갑명의 최고의 운기이다. 끝없는 상승기이다. 방심하기 쉬운 것이 결점이다. 녹순에서 힘을 너무 써버리면 시순, 바로 천중살에서 동요가 커진다. 여기서는 8분 정도에서 억제해야 한다.

술년(戌年)의 현상은 명예와 승리. 유(酉)까지 준비해 온 것이 보상된다. 매우 바쁘지만 대단히 충실한 운기이고, 환경도 크게 변화하게 된다. 연애에도 충실하게 된다. 집단의 톱에 설 경우는 그 집단을 업계의 톱으로까지 밀어올릴 수 있게 된다.

해년(亥年)은 명예. 큰 명예운의 축복을 받는다. 당신이 하는 일이 사람을 감동시키고 평가가 높아지고 강력한 영향력은 많은 사람의 존경을 받게 된다. 만심(慢心)을 삼가해야 한다. 사람들에게 손가락질을 받을 만한 부끄러운 일도 할 수 없다. 또 지위가 높은 인물, 유명한 인사들과의 교류도 여기서 시작되지만 외견으로는 화려한 것 같지만 내면의 빈약한 것을 감추려는 사람들도 많다는 것을 알아두기 바란다. 바깥 모습은 초라할지라도 매우 훌륭한 심정을 가지고 있는 사람도 세상에는 있는 것이다. 그런 사람을 만나 속에 감추어져 있는 것을 찾아내어 가르침을 받는다면 뒷날에 행운을 얻을 것이다.

「관순(官旬)」 타력운이다. 어느모로 모든 자력운의 남갑명에게 관순·자순·시순의 6개년은 타력에 움직여진다는 의식이 일종의 욕구 불만을 자아내게 한다. 그것이 천중살을 거칠게 하는 원인의 하나이다. 이 관순에서 타력이라는 힘에 익숙해 지도록 해야 한다.

관순의 1년째는 자년(子年)이다. 녹순에서 얻은 신용에 따라서 책임도 따른다. 책임은 의무를 낳는다. 그것이 성공이라는 것이리라. 주위에서 여러 가지의 일을 의뢰한다. 그러나 소박하게 처리하다 보면「무언가 이상한데」「어째서 내가 이런 일을 하고 있는가?」라는 근본적인 의문도 생긴다. 냉정히 살펴보면 무엇이 바르고 잘못인가의 혼란한 것 뿐이다. 이런 자년에는 신앙심이 구원이 된다.

축년(丑年)이 되면 자년에서 가졌던 의문이 반발심으로 행동화하는 일이 많아진다. 환경이 변하지 않으니, 거기서 탈출하려 한다. 변신(變身)을 소망한다. 그러나 기다려야 한다. 움직이는 일은 어리석은 자다. 결혼·이혼·취직·퇴직 모든 것을 자기의 의지로 결정하여 행동에 옮겨버리고 말면, 뒤에 격렬한 파문(波紋)이 일어나게 된다. 여기서 변화하지 않도록 하고, 자년(子年)에 신앙심을 갖도록 한다.

「자순(紫旬)」 최후에 오는 것이 자순이다. 천중살의 선순(先旬)이 원인이라서 여기를 잘 넘기지 않으면 안 된다. 사람에게 상처를 입히거나, 배신하거나, 조상·하느님과 부처를 소홀히 하거나, 비밀을 가지거나, 범죄에 관여하면 천중살이 강력하게 작용한다. 여기서의 결혼도 삼가해야 한다. 결혼은 개순에서 녹순간이 좋다.

인년(寅年)은 환경, 직장이나 소속된 집단 등이 가지고 있는 기

(氣)가 매우 커진다. 타력이라는 기운에 익숙해지며 환경에 순응하면서 자기운도 순조롭게 전개한다. 전거(轉居)·전직도 할만 하다.

묘년(卯年)은 재운, 안정 등의 암시. 크게 변화할 수도 있다. 새로 태어나려는⋯⋯. 실천으로 옮기면 천중살이 흔들린다. 다만, 아무래도 환경에 견딜 수 없을 경우에는 여기밖에 움직일 수는 없다. 가능하면 선배의 의견을 듣고 조용하게 공부하는 것이 좋은 해이다.

남갑명의 후천육갑의 포인트는 미년에 있다. 선택의 해이다. 여기서 선택한 것이 인생을 좌우하게 된다. 눈앞의 욕심에 사로잡히지 말고 큰 뜻으로 선택해야 할 것이다.

北 甲 命

진년은 과감하게 변화를. 4회 있는 운명의 선택기에 결정을 잘못하지 않는 것이 개운의 비결

섬세한 신경은 북갑명의 제일 큰 특징이다. 다른 사람에게는 사소한 일일지라도 운세의 흐름에 따라서는 대단히 고통스런 경험을 하는 일도 있다. 천중살 기간에 공부해두고 싶은 것은 사상적인 것은 물론이지만 우주나 지구의 지질 등 넓은 범위의 견식을 갖게 되기를 권한다.

만상학의 사상에서는 「고뇌는 스스로가 선택한 길에 의해서 가져오게 된다」라고 하여 고뇌의 원인을 자기 속에서 구하고 있다. 인생에는 여러 가지 선택의 기회가 마련되어 있다. 거기서 선택한 것은 물론 뒷날에 자기에게 있어서의 원인으로 되는 것이다. 사실 북갑명의 숙명은 이상하게도 반드시 고뇌의 씨를 선택하고 있다. 북갑명에게는 고뇌가 필요한 것이다. 인생을 얼마만큼 깊이 고뇌하는가에 따라서 당신의 영혼의 깊이가 달라진다.

당신의 별은 미지근한 물속에서는 빛나지 않는 숙명이라는 것을 이해하기 바란다. 피한다면 인간으로서 하격(下格)이다. 엄격하겠지만 이것을 이해하고 있지 않으면 사소한 고뇌는 고뇌가 될 수 없다.

「시순(始旬)」 천중살 기간에는 여하간에 무엇이 바른 일인가 이해가 안되고 미혹에 빠진다. 사람에 따라서는 도피하려 한다.

1년째인 술년(戌年)은 타인에게 불신감을 느끼게 되고, 사람에 따라서는 대인 공포나 신경증을 일으킨다. 이것은 신뢰했던 사람에게서 배신을 당한 결과에서 오는 것이다.

이 술년은 천중살인데도 불구하고 선택할 수 있는 것이 몇 개 있다. 선택하는 것은 당연히 「계속·불변·정신」일 것이다. 변화해 버리면 천살 기간은 물론 천황살의 사년(巳年)이 강렬하게 괴롭게 된

다. 여기서는 공부, 바른 것을 배워두면 장래에 크게 꽃을 피우게 된다.

천중살 2년째는 해년(亥年). 여기서는 작은 자존심에서 오는 마찰과 갈등이 많아진다. 환경의 변화가 심해 따라가지 못하거나 이해 안 되는 결과가 생긴다. 그러나 절대로 잊어버려서는 안 되는 것이 품성(品性)이다. 인간으로서 부끄러운 것은 피해야 한다. 빈틈 없이 살아가는 북갑명의 운기는 서서히 진행된다.

「개순(開旬)」 보통 출발로 보지만 출발에의 준비 기간이란 뜻도 있다. 개순은 환경에 대한 반발심도 문득문득 일어난다. 부모와 같이 살고 있는 사람은 그것이 싫고 견딜 수 없어서 혼자 살게 된다. 반대로 혼자 사는 사람은 거기에 반발하여 친구와 동거하거나 연인과의 동거가 시작되는 등 환경이 변하기 쉽다.

자년(子年)이 되어도 천중살의 신경증적 부분은 잠시동안 따라온다. 자율신경 실조증의 경우도 많은 것 같다. 전반은 신체, 정신 모두 휴양할 것이다. 자년(子年)에 만나는 것은 후의 운기에 큰 영

향을 가져오게 된다. 여기서 시작한 것은 또 차원(次元)을 바꾸어 같은 모양으로 찾아오는 것이다. 특히 이 해는 연애에 변화운이 오고 있다. 여러 가지 유혹이 상대의 감정에 따라서 당신을 흔들 것이다. 밀어붙이는 형태로 사랑을 시작하게 될 것이다. 그런데 짧게 불붙는 그 사랑에는 당신이 납득할 수 없는 요소(要素)가 많을 것이다. 만일 불륜이나 방탕이라면 금후에도 버릇이 된다. 한 때의 쾌락적인 감정에 쏠려서는 안 될 것이다.

축년(丑年)이 되면 천중살을 벗어나서 최초의 큰 선택기가 찾아온다. 과거와의 결별인가, 계속인가를 고민하지만 의외로 깨끗하게 결정해 버리는 것같다. 거의가 결별을 선택하지만 후회하게 된다. 만일 자년에서 납득하지 못한 채, 사랑에 빠져 있으면 이 1년은 참고 견디면서 접촉해 두는 것이 좋다. 여러 가지의 새로운 발견, 새로운 인맥(人脈)이 자극적이라서 자기의 자세를 환경에 순응시키려는 것은 어리석은 일이다. 개순에서 녹순까지는 자력운이라서 환경이 당신을 움직이는 것은 모순이다. 자기의 자세는 변하지 않고 신전개를 바라보며 즐길 것이다.

「수순(壽旬)」에 들어가면 축년에서 변화하지 않은 것이 잘된 일이라고 실감할 수 있는 것이 여러 가지 나타날 것이다. 북갑명에게 이 수순이 진정한 뜻에서의 출발이다. 여기서 출세한 사람은 금후로 강하다.

인년(寅年)은 안정의 기반, 재운이 움직이기 시작한다. 사업운도 신장하고, 경제적으로도 강력해진다. 다만 축년에서 변화해 버렸으면 경제의 내용에 다소 모순의 기미가 보이게 된다. 또 인년(寅年)에는 당신이 무의식으로 움직인 것이 주위에 적지 않은 영향을 주게 된다. 당신의 행동이 직장의 지침이 되고, 환경을 만드는 힘이 넘치고 있다. 연애도 시작하고 즐거운 해이다.

묘년(卯年)은 매우 강한 기를 느낀다. 지도자의 운이다. 집단 형성의 때라서 당신이 중심이 되어 이끌어갈 것이다. 경제면에서는 지출이 많아진다. 접대와 장래에 대한 투자가 많아진다.

「녹순(祿旬)」지위와 명예의 기가 움직인다. 매우 강한 운기이지만 운의 강함에 저버리는 일도 가끔 있다. 천황살의 기가 작용하는 탓에 피곤해 진다.

진년(辰年)은 두번째의 선택, 변화를 하게 된다. 독립·전직·전거·이별 등 여기서 과거와 손을 끊고, 장래의 행운을 준비한다. 익살스럽게도 축년에서는 환경이 엄격하여서 변화의 방향으로 움직이고, 진년에서는 반대로 변화의 우지는 있어도 상황이 좋아서 여간해서 결단을 내리지 못하는 모순이 있다. 그러나 여기서 변화가 되어 있지 않으면 천황살의 사년(巳年)에 실패할 것을 생각해야 한다. 상종하는 사람의 상성에 따라서는 재빨리 여기서 천황살의 현상이 나타나는 경우가 있다.

사년(巳年)은 천황살. 진(辰)에서 변화가 없으면 스트레스가 쌓여 기가 약해진다. 천황살은 좋은 일이 없다. 불면·노이로제·신경증·우울증 등 신체에도 여러 가지 질환이 나타난다. 피로해 있는 것이다. 주위 사람들이 무엇이나 상담에 응해주지만 아직은 자력운(自力運)이라서 다른 사람이 도움을 주기는 어렵다. 스스로 이것은 엄격한 수행(修行)이라고 체념할 수 밖에 없다. 그러나 진년에서 크게 변화하면 의외로 강한 것도 이 해의 특징이다. 도전도 헛수고는 아니다. 모순만 없애면 두려워할 것은 없다. 어렵고 괴로운 천황살을 벗어나면「관순」이 온다. 여기부터 타력운이다. 자기 이외의 사람이 도와주면 좋은 방향으로 향하며 주위에 운세가 나쁜 사람이 많으면 나쁜 영향을 받는다.

오년(午年)은 당신의 운기는 강하지만 가족·친구 등 주위에 병이나 불화 등 곤란한 사람이 있다. 최선의 방법으로 도와야 한다. 기본은 사랑이다. 사랑이라 할지라도 오년에서 시작하는 연애는 동정에서라든가 감정에 흐르기 쉬워 주의를 해야 한다. 이 오년은 북갑명이 인생의 지팡이가 될 신앙심을 갖게 되는 해이다. 신이나 부처에 한하지 않고 옛 성인들의 사상 등에 영향을 받아서 그것이 금후의 자신이 나아가는 지침(指針)이 되어 준다. 다만, 어설픈 신흥 종교와 절대로 인연을 맺지 말아야 한다. 그 쪽으로 쏠리면 다음 천중살에서 큰 어려움을 당하게 될 것이다. 또 여기서 조상에 대한 공양을 깍듯이 해두어야 한다. 조상이라는 것은 현재 자기의 과거인 탓에 요컨데 원인이다. 조상이 없으면 당신은 존재하지 못했을 것이다. 원인을 사랑하는 것으로 이상하게 금후의 인생에 보람이 생긴다.

미년(未年)은 천중살의 전(前). 최후의 선택이다. 변화하고 싶어도 참아야 한다. 명예욕이 나타나지만 참으며 인생을 망치지 않게 해야 할 것이다.

「자순(紫旬)」 한번 더 운기가 불쑥 솟아난다. 새로운 것을 선택할 필요 없이 자연으로 환경이 변화한다. 이어서 천중살의 선순(先旬)이라서 조상 숭배를 잊지 말 것.

신년(申年)은 속도감 있는 상승. 높은 목표를 향해 일직선으로 나아간다. 뛰어난 착상이 당신의 평가를 크게 높여줄 것이다. 연애도 충실.

유년(酉年)은 변화의 소망이 있을 것이다. 미혹할 지도 모른다. 신(申)에서 급히 발전한 것에 의문을 갖게 된다. 여기서 미혹에 빠지면 천중살에서도 미혹에 빠진다. 두뇌 회전이 빨라지니 서두르지 말 것. 연애도 충실해진다. 북갑명의 후천육갑의 요점은 4회 있는 선택기이다. 과감하게 변화해야 할 진(辰). 남은 3번, 술(戌)·축(丑)·미(未)에는 결코 변화해서는 안 된다. 원인은 반드시 결과를 낳는다. 시순·개순·수순·녹순·관순·자순과 6개의 계절은 밀접하게 연결되어 있다.

地 甲 命

개순에서 녹순까지의 자력운 기간이 개운
의 요점. 충분히 음덕을 쌓는 것이 운세를
강화시킨다

중심 인물로서 정력이 넘치는 지갑명. 운세가 하강의 기미가 보
이면 주위 사람들이 떠나간다. 이럴 때 초조해 지는 것이 큰 결점
이다. 천중살 기간은 떠나는 자는 잡지 않는다는 마음가짐이 필요
하다.

「시순(始旬)」은 천중살. 신용이 떨어지고 집단은 무너지며, 재운
도 상실하고 파산의 위험마저 있다. 가정운도 기울어지고, 명예도
하락하는 등 좋은 일은 없다. 이것은 천중살에 어떻게든 하려고 초
조하게 손을 쓰는 탓이다. 손을 써도 거의 효과가 없다.「잘 되었
구나」라고 생각한 순간에 예기치 못한 곳에서 무너져 버린다. 능동
적으로 유지하려 하는 것이 손해를 초래한다.

1년째는 신년(申年). 운기가 격동한다. 이별·배신·부질 없는
격정(激情), 이성관계도 흔들린다. 감정에 흐르지 말고 경솔한 행
동은 삼가하도록 한다. 고민에서 벗어나려고 능동적으로 행동하면
이제까지 육성해 온 신용·지위를 상실하게 된다.

2년째의 유년(酉年)도 능동적인 행동은 삼가하며 정신적인 충실
을 기할 때이다.

「개순(開旬)」천중살에서 벗어나, 새 출발. 여기서부터 자력운이
시작. 능동적으로 행동할 때이다.

1년째의 술년(戌年). 과거에서의 이별. 미래를 향해 새로운 환경
으로 이동한다. 인사 이동, 전직 등 여러 가지의 새로운 전개가 있
다. 연인과의 이별도 있을지 모른다. 물론 만남도 많이 준비되어

있다. 다만 훌륭
한 만남인데도 당
신에게는 그것을
느끼는 여유을 잃
어버리고 있다.
과거에 집착하여
추억에 잠기고 있
을 뿐이다.

중앙이란 대지
(大地)의 기를 가
진 장소에 위치한
지갑명은 환경의

변화에 대해 일종의 거부감을 가지고 있다. 새로운 전개를 솔직하
게 반기지 않으며, 도리어 괴로워한다. 과거를 고집하려고 이중 인
격자의 행동을 하기 쉽다. 마음 편하게 대처하는 것이 좋다.

2년째는 해년(亥年). 환경에 겨우 순응. 새로운 만남이 확대된다.
여기는 인맥운. 연애도, 알게 되는 사람도 많아진다. 다만 기세에
밀려 방탕하면 나쁜 결과를 초래한다.

「수순(壽旬)」은 활력이 붙는 해이다. 사업·연애에 정력이 솟는
것을 스스로 느끼게 될 것이다. 수순의 1년째는 자년(子年). 경제
와 애정운이 움직인다. 연애도 즐거우며 일에도 능률이 날 때, 여
러 사람으로부터 여러 곳으로 권유를 받아 여러 가지 영향을 받게
된다. 새로운 인맥이 확대된다. 장래에 재산이 될 것과 만나는 일
도 여기. 투자에는 절호의 기회이다. 해외에도 인연이 깊어진다.

축년(丑年)이 되면 자기의 길이 결정된다. 자기주장이 인맥과 신
뢰관계를 만들게 된다. 자년(子年)에서 얻은 힘을 활용하자. 신용
을 얻어두면 뒷날이 든든해 진다. 결혼을 결심할 해이기도 하다.

「녹순(禄旬)」지갑명의 최강 운기를 맞는다. 개순·수순에서 얻은 것을 꽃을 피우고 결실할 때이고 신뢰를 얻을 때이다. 지위도 상승하고 재산도 붙는다. 또 준비와 축적을 할 때이다. 예술가나 문필가라면 작품을 미리 만들어 두기에 좋은 때이다. 1년째 인년(寅年)은 착실한 상승. 큰 재운과 신용도 얻게 된다. 정치가·실업가 등 집단을 인솔하여 기라성처럼 군림할 것. 사랑을 의식하는 기회가 많아진다. 가족에 대한 사랑, 소속한 집단, 회사나 학교, 자기 사업에 대한 사랑도 의식하게 된다. 애국심도 싹튼다. 사리 사욕을 버리고 봉사하는 자세가 책임감을 낳고, 책임 있는 행동을 하는 탓에 신뢰감이 주위에 미친다. 결과를 기대하는 것은 모순이다. 눈앞의 이익을 바라면 불신으로 연결되니 주의가 필요하다.

2년째는 묘년(卯年). 해년부터 계속해 온 지갑명의 강운기의 피크이다. 여기는 권세운. 인년(寅年)에서의 봉사활동이 결실을 할 때이다. 여기서 조심해야 할 것은 사리 사욕이다. 묘년의 후반에서 다음의 관순까지 예기치 못했던 곳에서 신용이 떨어지고 불운으로 기울어진다.

「관순(官旬)」지갑명에게는 일종의 시련기. 지금까지의 자세의 양부(良否)가 검토된다. 인생에 대해서 착실하게 살아온 사람에게는 본디의 명예가 찾아오지만 착실하지 않았거나, 권세에 취해 온 사람에게는 별로 좋은 일이 없다. 지위나 명예를 잃어버리는 것도 충분히 고려된다. 다만 녹순에서 별로 운세의 상승을 못 본 사람, 책임이 무겁지 않은 사람에게는 흉운(凶運)은 나타나지 않는 것 같다.

1년째는 진년(辰年)이다. 관순에서 타력운으로 들어가는 탓에 결정권을 타인에게 넘겨야 한다. 자기의 이제까지 축적(蓄積)해 온 것을 써서 타인의 지시에 순응하는 것이 천중살까지의 처세술이다. 능동적·적극적인 변화는 비록 도피적일지라도 불운을 가져온다. 자기의 뜻으로 전거(轉居), 전직도 안 된다. 배신도 당하기 쉽다. 권세가 없으면 평범한 시민. 이상대로는 안 되지만 이 시기는 서둘러서 손을 써서는 안 된다. 신경을 안 쓰는 것이 여기를 극복하는 좋은 방법이다.

다음은 사년(巳年)의 천황설이다.

당신의 기운은 약화해 있고, 정신적으로도 동요가 있으며, 병도 있을 때이다. 진년에서 넘어진 사람은 우는 낯에 벌이 쏘는 격이다. 진년에서 실패한 사람이란 권력을 빗대어 사람을 멸시하고 상처를 입혀 온 사람이 많은 것 같다. 만일 그렇다면 여기가 좋은 기회라서 12년 후에 같은 일을 되풀이 하지 않도록 반성과 성철로 보내야 한다.

사년(巳年)에 주의할 것은 타인의 유혹, 달콤한 말에는 특히 주의가 필요하다. 절대로 길을 변동해서는 안 된다. 당신이 일을 일으키려해도 자력운은 지났으며, 천황살이기도 하여, 실패는 당연하다.

본디 명예운이라서 착실하게 깨끗한 몸가짐으로 살아간다면 평가는 좋을 것이다. 또 유혹에 넘어가서 방탕이나 불륜으로 내닫기 쉬운 해라서 거기에도 조심해야 한다.「모든 것은 공부」라는 마음가짐이 요망된다. 파란의 관순을 넘기면 자순이다.

「자순(紫旬)」천황살의 기운을 벗어나 원활한 상승운이다. 손윗사람의 행운의 열쇠를 잡게 된다. 손윗사람에게 얼마만큼 신뢰를 받는가에 따라 당신의 운세는 좌우된다.

1년째 오년(午年). 자기는 반성, 주위는 평가. 최초의 출발은 더듬거리지만, 서서히 힘을 회복하여 지위·재운·주거운이 상승한다. 활동하는 것에 충실감을 되찾는다. 지갑명에게 오년은 바른 신앙심을 갖게 되는 유일의 해이다. 바른 신앙은 천중살의 재액을 이상하게도 가볍게 해준다. 만상학에서는 현재의 원인을 과거에서

찾 듯, 가계의 원인도 조상에서 찾는다. 현재만을 생각하고 조상을 소홀히 하는 것은 나뭇가지만 위하고 뿌리는 돌보지 않는 것과 같아 나무를 시들게 한다. 덧붙여서 공양이라는 것은 함께 양육한다는 뜻이다. 자기의 소원보다 먼저 조상이 계시는 환경을 아름답도록 해야 한다. 또 조상이 모르고 저지른 죄를 가볍게 하도록 이쪽이 비는 것이다.

  미년(未年)은 여유를 얻는 해다. 여기서 천중살을 맞는 준비를 해두는 것이 현명하다. 지갑명의 후천육갑의 요점은 개순의 2년째. 해년부터 녹순까지의 5년간에 미치는 강한 자력운이다. 타인의 괴로움을 이해하는 인생이야말로 지갑명에게 성공이라 하겠다.

천중살기를 극복하자면, 해년의 조상 공양과 관순·자순의 신앙심이 중요. 행동을 시작하는 시기가 개운의 열쇠

　숙명육갑의 파란이 많은 것 중에서도 비교적 조용한 운세의 추이를 보이는 것이 서갑명이다. 그런 탓에 확실·착실의 인생이 된다.

　「시순(始旬)」천중살이다. 서갑명의 천중살은 다른 숙명육갑에 비해서 비교적 평온한 것은 주위 사람들의 힘이 강하므로 자연히 도와주는 탓이다. 타인에게 결정권을 맡겨버리는 처세술이 천중살을 극복하는 근본적인 방법이다. 또 해외에서 보내는 등 천중살의 재앙을 경감시킨다. 지위의 변동, 사고, 병 등 불행은 일어나지만 큰 재앙은 일어나지 않는다. 사소한 일상적인 일은 많을 것이다. 그러나 잘 이해하고 견디는 것이 당신의 강함이다. 단지 손아랫사람과의 갈등이 많다. 손아랫사람이 자기 생각대로 움직여 주지 않고 뜻대로 안 된다. 그래서 손아랫사람의 책임을 지게되고 부하에게 실수가 생기는 등 그러한 것으로 심로(心勞)나 또는 아이들의 병이나 부상(負傷)으로 괴로움을 당하는 일도 일어나기 쉽다.

　오년(午年) 천중살 1년째이다. 의식의 범위가 확대되어 신경이 피로하기 쉽다. 전직·전거 등 현실적인 변화는 흉(凶). 사상적·종교적·정신적인 방향의 변화를 추구하는 편이 좋다.

　2년째는 미년(未年) 타력운의 피크이다. 수동적인 자세로 나아가야 한다. 타인의 의견에 순종하는 것이 편하다. 특히 아이들과의 의견 대립이나 갈등에도 그들의 뜻에 따르는 것이 편할 것이다. 오년에서는 공부하는 해로 한다. 천중살을 벗어나면 개순이다.

「개순(開旬)」
희망과 함께 새로
운 전개로 출발이
다. 독립·전직·
새로운 분야에로
의 진출 등 새로
운 효과가 기대된
다.

신년(申年)은
새 경험과 새 만
남, 금후의 핵
(核)이 될 요소.
인물·회사·현상 등과 만나게 된다. 당신에게는 자극이 된다. 이
신년은 천중살과는 반대로 사람에게 인식되며 인맥도 서서히 확대
된다. 유년(酉年)이 되면 토지, 직업, 인맥 등 과거의 환경에서 이
동이 있게 된다. 인사 이동이 결정되고 전거, 여행 등도 많아지고
해외로 이동할 일도 많다. 사업에도 변화가 있고 효과가 좋으며 상
승기류를 타게 된다. 또 유년(酉年)은 상사(上司)에 대하여 일종의
대등 의식(對等意識)을 갖는다. 젊었다면 어느 정도 건방지게 될
것이다.

연애도 꽤 눈에 띄게 발전할 것이다. 단지, 같은 곳에 언제까지
있으면 욕구 불만이 되는 해라서 방탕의 확률이 높아진다.

「수순(壽旬)」개순에서 시작한 일이 발전할 때이다. 마치 봄이
되어 꽃이 피듯 즐거울 때이다. 그러나 방심해서는 안 된다. 천황
살이 수순에서 기다리고 있다. 한번 나빠지면 천중살보다 심한 불
운에 빠진다.

술년(戌年), 수순 1년째이다. 자긍심과 화려한 해이다. 새로운 자

극을 위해 능동적으로 행동하며 쉴 틈이 없을 정도이다. 여하간 노는 것이 자극적이며 즐거워서 어쩔 수 없게 된다. 사람에 따라서는 연애에도 난조(亂調)가 있을 것이다. 그러나 여기서 방심하면 천황살에서 크게 혼들린다.

해년(亥年)은 천황살. 건강운이 크게 혼들린다. 피로가 쌓여서 조금만 무리해도 쓰러질 정도이고 부상에도 주의가 필요하다. 천중살과 같이 손아랫사람과 갈등이 생긴다. 가족의 병도 나기 쉽다. 안정의 결여도 생긴다. 지위, 재운(財運), 가정운도 과거에 안정된 모든 것이 혼들리기 시작한다. 당신의 문제 처리 능력은 전혀 발휘되지 못한다.

파란의 수순을 벗어나면 녹순으로 들어간다.

「녹순(祿旬)」 최고 운기의 준비기이다. 힘은 매우 높지만 보좌할 사람이 없다. 행동할 때에는 준비를 잘 해야 한다.

자년(子年) 녹순 1년째. 크게 비약할 수 있는 해이다. 과거에 얻은 신용이 인맥을 작용하여 사업운이 크게 발전한다. 재운도 상승하고 신용도 확대된다. 운세가 너무 좋으며 너무 나아가게 된다. 독재적으로 흐르므로 자년 후반에서 축년에 걸쳐 고독을 느끼게 된다.

축년(丑年) 2년째이다. 자년의 반성을 하게 된다. 「철 없는 고집이나 쓸모 없는 욕심으로 자기 분수에 넘치는 것은 하지 말자」라고 마음 속으로 맹세하게 된다. 자기의 안전권이 확립되지 않는 한 움직이지 않게 된다. 이제까지 자기에 대한 평가에서 오는 압력이 있다. 일과 생활에 겁을 먹는다. 자아를 고집하지 않고 타인의 뜻을 따르게 된다. 사실 서갑명의 처세술이다. 그런 녹순에서 서갑명의 최고 운기의 행복이 관순으로 들어간다. 오랜 꿈도 이루어지고, 지위도 확고해지며 명예도 따라온다. 여기서부터 타력운. 관순의 1년째는 인년(寅年)이다. 여기서는 주위 사람의 희망을 달성시키는

데 당신이 한 몫을˙하게 된다. 타인을 위한 행동을 즐겁게 여기게 된다. 어떤 의미로는 자아(自我)를 억제하고 사람을 인도하는 처지에 서게 되는 것이다. 평가에 연결이 되어 결국 당신의 운세를 상승시킨다.

2년째는 묘년(卯年)이다. 인년(寅年)의 운기가 그대로 계속한다. 좀 다른 것은 당신을 위해 타인들이 활동하는 것이다. 매우 평안하다. 애정운이 충실하여 가정, 연애도 행복하다.

「자순(紫旬)」관순(官旬)에서 좋은 일을 한 사람은 주위나 손윗사람에게 돋보이게 된다. 그럴 때에는 관순에서 얻은 신앙이 크게 도움이 될 것이다. 또 천중살의 선순, 준비 기간이기도 하다. 사상적인 것을 준비하여 서갑명의 천중살의 너울을 조용하게 넘도록해야 할 것이다.

진년(辰年) 수집이란 뜻이 있다. 사람·돈·정보·재산 등 여러 가지를 수집하며 지혜도 얻는다. 이 지혜가 천중살과 금후의 인생에 도움이 된다. 연애가 시작하는 경우도 지금까지 없던 형식이다. 해외와의 인연도 깊어지는 탓에 해외 여행길에서 만날 수도 있을지 모른다.

사년(巳年) 진년에 얻은 지혜를 실제로 활용하여 그 성과로 톱에 까지 이를 수 있다. 자기보다 도리어 주위의 실행력이 강하다는 것은, 실행은 다른 사람에게 시키고, 자기는 아이디어만을 제공하는 형식을 취할 것이다.

내년부터의 천중살을 앞두고, 여기서 본능적으로 각오를 결정하는 사람도 많을 것이다. 그와 동시에 조상에게 깍듯이 제사 지내두는 것도 좋을 것이다. 서갑명의 후천육갑의 요점은 어디서 행동을 시작하는가이다. 결과가 나타나는 것은 관순이라서 거기를 목표로 수순에서 준비. 천황살의 해년에서 녹순의 흔들림을 경험해두면 역경에도 괴로워하지 않는 발판이 될 것이다. 신앙이란 무형의 힘이 파란을 억제하고, 인생을 안정시키는 것이 서갑명의 숙명이다.

천중살기(天中殺期)를 잘 넘기는 방법

천중살(天中殺)은 두렵지 않다

◇ 천살의 시기를 극복하자면

이 책은 어디까지나 육갑법을 이용하기 위한 실용서라서 천살, 천중살에 관해서 상세한 해설은 다른 기회에 양보하려 하지만 여기서 천중살에 나타나는 예외적인 상승 현상과 천중살 기간을 지내는 방법과 이용법에 관해 간단히 언급한다. 각 숙명육갑이 가지고 있는 천중살 범위는 4장의 후천육갑 운세의 흐름을 파악한다는 항에서 나타낸 대로이지만 여기서 또 한번 들어본다.

☆ 동갑명＝子年, 丑年, 每年 12月　1月
☆ 천갑명＝寅年, 卯年, 每年　2月　3月
☆ 남갑명＝辰年, 巳年, 每年　4月　5月
☆ 북갑명＝戌年, 亥年, 每年 10月 11月
☆ 지갑명＝申年, 酉年, 每年　8月　9月
☆ 서갑명＝午年, 未年, 每年　6月　7月

만상학의 원조(元祖)가 가져온 천살이론은 최근에서는 사주 추명에서의 공망(空亡), 산명학의 「천중살」을 거쳐서 「대살계(大殺界)」라는 이름으로 널리 알려지고 있는 듯하다. 만상학에서도 현재는 「천중살」을 그 이름으로 충당하고 있다. 그 만큼 화제(話題)가 되어 있으니 천살은 대단한 힘을 가지고 있는 것을 알 수 있다. 천살, 천중살에 무엇이나 시작한다면 재앙이 있다는 것이 정설(定說)로 되어 있는 듯하여 다소 점술을 해본 일이 있는 사람 중에는 천중살을 무슨 나쁜 일이 일어나는 마(魔)의 시기로 치고 쓸데없이 무서워하는 사람도 있는 듯하다. 틀림 없이 천살, 천중살 기간에 일을 일으키면 뒤에 별로 좋지 않은 것은 사실이다.(공망, 대살계도 같다)

「그러나 모두가 나쁜 일만 일어나는 것은 아닐 것이다」라고 생각하는 사람도 있을 것이다. 실제로 재앙이라는 것은 확실한 형태로 나타나지 않는 일도 매우 많으나 천중살 기간에 일어난 현실적인 사건을 오래 유지하는 것은 불가능이라는 것이다. 우선 오래 계속하지 않는다는 것만은 기억해 두기 바란다.

● 천중살 기간에 나쁜 일만 일어난다고는 할 수 없다

육갑이론 중에는 천중살에 대한 법칙이 여러 가지 있겠으나 천중살에 시작한 것이 때로는 경이적인 대성공을 할 때도 있다. 그 기운이 계속하는 것은 평균 6년간이다.

천중살 기간에 어떤 집단을 만들면 그 집단은 천중살인데도 불구하고 매우 좋은 성적을 올리고, 목적을 대폭 상회(上廻)하는 이익을 남긴다. 그러나 몇 년이 지나는 동안 중핵을 이룬 인물들 사이에 의견 차가 나타나 마찰이 생긴다. 내종에는 결별하게 된다.

여기서 말하는 집단은 현실의 실리를 목적으로 하는 것이다. 결과적으로 얻는 것은 반드시 놓치게 된다. 출발할 때의 형체가 크게 변해버리지만 거기에는 좋고 나쁨의 감정은 개입이 안 된다. 형체가 바뀌지만 형체가 변한다고 더 크게 성장하는 경우도 많다. 천중살 기간에는 나쁜 일만은 아니다. 천중살은 천지시공의 모순 기간인 것은 틀림 없다. 그 사이에 얻은 부·명예도 당연히 모순의 기가 포함되어 있다.

만상학에서의 모순은 자연 속에는 있을 수 없다고 한다. 인간이란 어디까지 자연계에 사는 존재이다. 모순을 길게 계속할 수 없게 되어 있다. 모순을 벗어나는 때가 반드시 있다. 그 평균기간이 6년이다.

● 그늘(陰)과 같이 사는 것이 천중살을 극복하는 요점

천중살 기간도 자연과 같이 지내면 운명에는 작은 흔들림도 없다. 자연과 같다는 것은 어떤 모습인가?

천중살 기간은 그늘(陰)의 힘이 지배하고 있다. 음처럼 사는 것이 자연이다. 음의 제1의 특징은 수동적이다. 자기의 뜻으로 적극적, 능동적으로 행동해서는 안 된다. 자기 고집을 부리지 않고 집단의 의사에 따르는 것이 천중살 기간을 극복하는 요점이다. 집단이나 조직에서 벗어나는 것도 자신의 의지대로 해서는 안 된다. 회사가 싫어지거나 이혼하고 싶다고 생각하더라도 우선 천중살 기간은 피하는 것이 좋다. 그런 경우는 대체가 천중살을 맞이하는 1~2년 전에 매우 어려운 처지에 놓여지게 된다.

사실 그런 때야말로 뒤에 갈등이 없이 이별할 수 있는 기회였다. 그 때를 놓치고 또 그 때에 참고 견딘 뒤에 천중살을 맞이했다면 이젠 이것은 수행(修行)이라고 각오를 해버리는 편이 뒷날을 위해 좋을 것이다.

요컨데, 천중살 1~2년 전에 큰 싸움을 하거나, 직장이나 가정에서 납득 할 수 없는 싫은 일을 당했다면 천중살 기간에 그야말로 인생관이 변할만한 시련을 만날 가능성이 높다고 생각하는 것이 틀림 없다. 더구나 그 시련은 반드시 뒷날의 인생에 크게 도움이 되는 것이 또 천중살의 법칙이다.

● 천중살 기간이야말로 개운의 기회

천중살이 갖는 음(陰)이라는 힘을 정확하게 해석하면 유형(有形), 현실면에서는 방출·파괴의 힘이지만 무형(無形), 정신면에서는 흡수·발전의 힘이라 해석된다. 정신적인 면을 추구한 사람에게는 이상하게 불운이 없다. 정신적으로 사는 것에 의해 평소에는 얻을 수 없는 지혜를 얻게 된다. 유형의 이익을 추구하지 않고, 정신면으로 **충실**하려고 정진한 사람에게는 발전이 많다.

　음의 시기의 자연스런 상태로만 있으면 큰 이익이 양(陽)의 시기에 얻어지게 된다. 음의 힘을 잘 이용하자면 형(刑)에 구애해서는 안 된다. 형이란 결과이다. 이익이라는 결과, 천중살에는 이익(결과)을 얻으려 해서는 안 된다. 자발적으로 손해를 보거나 이익을 방출하는 것이 후일에는 형태를 바꾸어 돌아오게 된다. 소위「손해를 보고 얻어라」「바쁘면 돌아가라」는 말을 이해하게 될 것이다. 천중살이란 인간으로서 진정한 뜻으로 격을 높이는 수행기간이라 생각하기 바란다.

◆ 천중살과 열반(涅槃)의 친밀한 관계

열반을 만상학류로 해석하면 일정한 기간을 살아온 결과, 인간으로서 격이 일단 상승한 상태를 나타낸다.

방출을 계속하고 주기를 계속한 결과 당신의 격이 높아진다는 것이다. 자기 분수를 지킨 결과, 참고 견딘 결과, 정진한 결과가 정신세계에 들어가 여유를 얻게 된 결과로 얻어지는 것이다. 육파라밀(六波羅蜜)에는 여러 가지 단계의 열반이 있으나, 그 최후의 큰 열반은 바로 깨달음에 도달하는 것이다. 천중살은 2년간만에만 찾아오는 열반·깨달음의 열쇠이다. 만상학에서는 천중살을 지나는 방법으로 말하고 있으나 육파라밀에서 말하는 것이 중요부분으로 들어 있다.

모으지 말고 방출할 것, 어떤 일이 있어도 참고 희망을 잃지말 것, 일상생활의 규격을 벗어나지 말고 게으름을 피우지 말 것, 긴장하여 굳어지지 말고 어떤 경우에도 대응할 수 있게 유난한 자세를 가질 것, 무엇보다 정신적으로 공부할 것이 중요하다. 욕망에 끌려 나아가면 크게 재앙을 부른다.

천중살이라는 것은 현실면에서는 확실히 괴로운 기간이다. 그러나 정신 세계를 공부하려면 평소에는 얻을 수 없는 강결한 효과를 올릴 수 있는 기간이라 기억해 두기를 바란다.

★신개념 한국명리학총서(전15권)★ (금액 194,000원)

① 행복을 찾고 불행을 막는 점성술
정용빈 편저/신국판 204쪽/정가 12,000원
자연학의 원리를 이용하여 모순을 만나게 되는
것을 알 수 있게 하여 불운을 쫓아내는 것이 육
갑법 점성술이다.

② 손금으로 자기운명 알 수 있다
백준기 역/신국판 252쪽/정가 12,000원
뇌의 中樞神經의 작용이 손에 집중되어 표현되
는 사실을 도해로 설명하면서, 장래의 예지 등을
제시한다.

③ 얼굴은 이래야 환영받는다
백준기 역/신국판 240쪽/정가 12,000원
관상의 기본이 되는 三質論의 상세한 해설을 비
롯, 인상의 연령 변화, 복합관상 등, 결과에 따
른 원인을 구명했다.

④ 사주팔자 보면 내운명 알 수 있다
정용빈 편저/신국판 380쪽/정가 18,000원
12천성과 음양 오행의 심오한 이치를 누구나 알
기 쉽게 재정립한 사주 명리학의 결정판

⑤ 꿈해몽은 이렇게 한다
정용빈 편저/신국판 250쪽/정가 14,000원
꿈에는 자신의 희미한 성패의 비밀이 숨겨져 있
어 이를 풀이하고, 역사적 인물들이 남긴 꿈들을
수록했다.

⑥ 여성사주로 여성운명을 알 수 있다
진옥숙 저/정용빈 역/신국판 254쪽/정가 12,000원
연애·결혼·건강·사업 등, 동양의 별의 비법이 밝히
는 여성의 운명, 너무도 정확해서 겁이 날 정도
다.

⑦ 풍수지리와 좋은 산소터 보기
정용빈 편저/신국판 262쪽/정가 12,000원
산소 자리를 가려서 육체와 혼백을 잘 모시면
신령(神靈)이 편안하고 자손 또한 편안하다.

※ 출판할 원고나 자료 가지고 계신 분
출판하여 드립니다.
문의 ☎ 02-2636-2911번으로 연락

⑧ 이름감정과 이름짓는 법
성명철학연구회 편/신국판 260쪽/정가 12,000원
기초 지식부터 이름 짓는 방법, 성명감정 방법,
이름으로 身數를 아는 방법 등을 자세히 설명했
다.

⑨ 나이로 본 궁합법
김용호 지음/신국판 334쪽/정가 14,000원
생년·월·일만 알면 생년의 구성을 주로 하여 생월
을 가미시켜 조심자도 알기 쉽게 했다.

⑩ 십이지(띠)로 내 평생 운세를 본다
김용호 편저/신국판 290쪽/정가 14,000원
동양철학의 정수인 간지(干支)와 구성(九星)학을
통하여 스스로의 관성, 천운, 길흉을 예지하기
쉽게 기술했다.

⑪ 이런 이름이 출세하는 이름
정용빈 편저/신국판 227쪽/정가 12,000원
성명 철리(哲理)의 문헌을 토대로하여 누구나 좋
은 이름을 지을 수 있도록 쉽게 정리했다.

⑫ 오감에서 여성 운세 능력 개발할 수 있다
김진태 편저/신국판 260쪽/정가 12,000원
미각·촉각·후각·청각·시각을 이용하여 교제 능력을
키우고, 자신의 운세를 개발할 수 있도록 했다.

⑬ 신랑신부 행복한 궁합
김용호 편저/신국판 250쪽/정가 12,000원
역리학적인 사주명리의 방법 외에 귓 인상, 관
상, 수상, 구성학, 납음오행 등을 기호에 맞게
기술했다.

⑭ 택일을 잘해야 행복하다
정용빈 편저/신국판 260쪽/정가 12,000원

⑮ 달점으로 미래운명 보기
문(moon)부라모또 저/사공혜선 역/신국판 280쪽/
정가 14,000원

신개념 한국명리학총서 ①

| 행복을 찾고 불행을 막는 점성술 | 定價 12,000원 |

2011年 4月 25日 1판 인쇄
2011年 4月 30日 1판 발행

편 저 : 정 용 빈
　　　　(松 園 版)
발행인 : 김 현 호
발행처 : 법문 북스
공급처 : 법률미디어

1 5 2 - 0 5 0
서울 구로구 구로동 636-62
TEL : 2636-2911~3, FAX : 2636~3012
등록 : 1979년 8월 27일 제5-22호
Home : www.lawb.co.kr

❚ ISBN 978-89-7535-198-3 04150
❚ 파본은 교환해 드립니다.
❚ 본서의 무단 전재·복제행위는 저작권법에 의거, 3년 이하의
　징역 또는 3,000만원 이하의 벌금에 처해집니다.